Making Mortal Choices

要命的选择

霍尔姆斯杀人案、洞穴奇案和吉姆的困境

〔美〕雨果·亚当·贝多 / 著

Hugo Adam Bedau

常云云 / 译

Making Mortal Choices

Three Exercises in Moral Casuistry

北京大学出版社
PEKING UNIVERSITY PRESS

目　录

前　言 /1

第一章　海员霍尔姆斯与"威廉·布朗号"的沉没 /1

第二章　洞穴探险者与罗杰·威特莫尔之死 /63

第三章　吉姆与丛林空地上的印第安人 /119

附录　决疑法的历史背景 /175

注　释 /186

索　引 /204

前 言

1994年的春天,我有幸获选第十一届罗曼奈尔—费·贝塔·卡帕哲学教授(Romanell-Phi Beta Kappa Professor of Philosophy),这一殊荣要求获选者向塔夫茨大学广大学子开设众人普遍感兴趣的三次讲座。这三次讲座被冠以统一的标题——"悲惨的选择"(Tragic Choices)——如期(但愿不是乏味地)在1995年春天完成。正如当初发表时一样,今天仍有必要将讲稿整理出版;我只做了较少的改动——删除了若干对讲座合适但在此却并非必要的习语,补充了一小节特定的说明性或阐释性评论。在最初写作时,每次的讲座都意欲独自成立,不依赖之前说过的或即将谈及的话题;内容方面的重复因此而生，这样的段落也并没有全被删除或改写。尽管此时自然地会有更多的话要说（也可能有些是未曾说过的），我并未超出讲座所限定的范围去更为详尽地重新思考或进一步完善我对这些问题的讨论。

我之所以给这本书添加"道德决疑法在三个案例中的运用"的副标题，是因为在我看来，把自己所写的内容与西方道德哲学中的决疑法传统相联系是极为适宜的。该传统源自两千多年前的后亚里士多德哲学学派。正如我在本书附录中详细解释的那样，决疑法是应用伦理学（不同于理论伦理学或元伦理学）的一部分，它独特的方法论形式要求以特定的案例（真实的抑或假想的）为重点研究对象。针对每一个这样的案例来寻求明确的解决办法，通常都是极其困难的；案例所提出的核心问题——"在这样的情况下，一个人应该做什么以及为什么"——是人们无法轻易作答的。本书中的案例都是有关生与死的重大决定，因此命名为"要命的选择"。

(事后反思,当初三次讲座的统一标题并不十分合适。严格来讲,我所讨论的每一个案例都并非悲剧。)

然而,并不是所有的致命选择都会为我们提供有关决疑法的案例。威廉·斯泰伦(William Styron)的小说《苏菲的选择》看上去或许可以:苏菲有两个她一样疼爱的孩子。在奥斯维辛集中营门前,纳粹军官告诉她可以选择保全其中一个孩子的生命——但另一个必须被送去听任杀戮。苏菲应选择两个孩子中的哪一个?她的选择当然是重大决定,但这一困境并未提出决疑法问题。因为苏菲在那样的情况下所必须做出的选择,无关乎道德方面的理由、依据或考虑。她同等地疼爱两个孩子,没有任何理由能让她借此在孩子中做出选择,更何况也没有多少时间可以让她仔细思量。我们无法为她提供任何伦理忠告或意见来完善(当一个人能够提出时)她做决定时的伦理观点。相反,本书所讨论的生死抉择却基于明智的深思熟虑,并且对道德因素的考虑是其中最为重要的。这一点将在我接下来的讨论中变得清晰易见。

我所讨论的案例以及由此提出的决疑法另一个显著特征在于,寻求解决方案的策略,并不是通过应用一般的道德理论或单一的道德原则自上而下地推导出解决的办法。因此,那种把决疑法描述为——正如人们经常做的那样——应用伦理学一种类型的做法,也就具有了误导性;"应用伦理学"的名称,使得决疑法听起来似乎所需要做的事情就只是把一个道德伦理原则运用到特定的情境中,并据此采取行动。然而,决疑法却近乎这种做法的反面,是一种自下而上的策略。最好换用比喻的说法,即决疑法是一种多重的区域三角测量术,最好的解决办法存在于一定的区域,相关的一些伦理原则决定了该区域的范围或边界。因此,人们只有通过仔细探究所有可能的情况,才能尝试着为决策者提供最好的建议;因为其中没有任何一种情况具有决定性的作用——没有任何一种会恰巧瞄准了目标。需要考虑的原则以及原则所规定的行为方式(参照具体情境中的各种事实),会在分析的各个阶段逐渐地呈现出来。而为了便于读者参考和后续的思考,我在本书的每一章节都附加了相关的道德原则列表,这些原则在多数情形下都以某种方式被运用于我的讨论过程中。

三个世纪以来,决疑法一直声名狼藉。因为在批评者看来,决疑法显然就是一种充满疑义和诡辩意味的策略,它允许一个人做他想做的任何事——其赖以凭借的只是人们的独创性;找到一个精妙的原则以达到事先就下定决心要为自己抗辩的目标。我以前也是这样想,但今天对决疑法的理解早已发生了变化。而且,尽管我曾和学生们就本书各章节中的案例讨论了很多年,现在所得的结论也远不同于当初的想法。我这里运用的决疑法,是一种针对多个道德问题彼此相互交织的案例分析法;并且在分析的过程中,我们对事情应当如何解决无法独自拥有强烈的直觉(更不用说拥有特定的意图要为某一种后果加以辩解)。毫无疑问,决疑法的运用依赖于各种道德直觉,但这些直觉并不必然会对讨论过程或最终结论形成偏见。(毕竟,决疑法并不意味着我们即便没有关于什么是错误——例如侵犯他人的权利——或者什么是不公、什么是有害的坚定信念,也能够或应当尝试着去解决道德问题。)每一案例的特殊情形也都有助于我们认识相关原则在特定范围内所具有的重要意义。

在本书后面的注释部分,我补充了案例讨论所用到的资料来源,以及我引用或参考的他人著述信息。为了便于那些有极大兴趣去探究更为细致问题的读者,我在注释部分不时地提到了与讨论主题相关的其他资料来源。然而,这些参考资料也只能算作当代规范伦理学文献资源中的沧海一粟。

以上就是预先所要做的说明。接下来我要感谢使最初的讲座及最终出版成书得以可能的那些人：推荐我的塔夫茨大学费·贝塔·卡帕分会的同仁，以及推选我荣膺罗曼奈尔教职的费·贝塔·卡帕总部委员会的学者；彼得·霍金森(Peter Hodgkinson)，是他安排了我在1994年秋天对威斯敏斯特大学法学院(伦敦)的访学计划，在那里我草拟了这些讲稿；威斯敏斯特大学以及高等法律研究院(伦敦)的听众，他们倾听了我两次讲座中的早期解说并帮助我趋于完善；塔夫茨大学哲学系的全体职员，他们的安排以及对细节的关注使得讲座顺利完成；诺曼·丹尼尔斯(Norman Daniels)，是他敦促我将这些讲座内容予以发表；还有我所在院系的其他同仁，他们的支持总是令人愉悦和鼓舞的；普里西拉·泰勒(Priscilla Taylor)是学术期刊《关键报道者》(*The Key Reporter*)的编辑，第三次讲座的节略版在该期刊1995年至1996年的冬季号刊出；加兰出版社(Garland Press)1992年版《伦理学百科全书》的出版者和编辑，我的决疑法论文在他们那里再版；还有本书的编辑——牛津大学出版社的辛西娅·里德(Cynthia Read)，以及付印前所需的两位匿名审读者；最主要的，还有我的妻子康斯坦丝·帕特南(Constance Putnam)，她敏锐的目光再次让我在口语和书写方面免于错误与不妥。我的谢意与感激送给以上所有人。

雨果·亚当·贝多
马萨诸塞州，康科德，1996年9月

第一章

海员霍尔姆斯与"威廉·布朗号"的沉没

I

1841年4月19日夜晚10点钟左右,在纽芬兰的雷斯角东南方向约250英里的北大西洋寒冷而潮湿的海面上,开往费城的"威廉·布朗号"护卫艇撞上了冰山。船上的那些人——65名苏格兰和爱尔兰移民,以及包括3名主管在内的17名海员——立即面临着生命危险。"威廉·布朗号"附载了两艘救生艇:一只所谓的小工作艇可以安全地承载10人,另一只大艇适合承载约两打人。船长与二副、6名海员以及两位乘客(一位妇女和一个男孩)很快占据了那艘小艇,而爬上大艇的则有大副、8名海员以及32名乘客——这远远超出了大艇的安全承载量。"威廉·布朗号"上剩余的31名乘客毫无生还的希望,撞上冰山一个半小时后,船沉人没。

5   当拂晓过后黎明来临时,满载着精疲力竭、惊恐万状的幸存者的两艘船开始逐渐漂离。但在彼此远离前,小工作艇上的船长命令大艇上的海员要像服从他本人一样服从大副的调遣。而大副从他自己方面向船长报告说,大艇在他看来(用后来的法庭书记官的记录来说)是"难以掌控的"——船舵坏了,海水从各种小洞渗漏进来,船缘也因超载而危险地与海平面几乎齐平。如果大艇要想有持续漂浮的可能,"必须通过抓阄抛弃一些人"(再一次,我引用了法庭书记官的原话)。船长(如同后来法庭所证实的)隔着海水大声喊叫着回答:"我知道你不得不做的是些什么事……只是现在先别提。把它作为最后的求助手段。"说着这些话,两艘救生艇渐离渐远了。

  日间的天气变得很糟,雨下个不停。大艇上的乘客奋力往外舀水,而海员们则忙着撸桨。但到了晚间10点,也就是撞上冰山24小时后(再次,以法庭书记官的记录来说),"风力增强了,大海变得又深又沉,海浪频繁地飞溅过船首,打湿了乘客,船上到处都是海水……冰块在周围漂浮着,冰山依稀可见……雨下得更大了……船上已有了大量的积水,大副在往外舀水一段时间后放弃了,他解释说:'这不管用。上帝啊,帮帮我。伙计们,开始行动。'与此同时,一些乘客哭喊着:'船在下沉……上帝啊,请对我们这些可怜人发发慈悲吧。'但海员们并没有回应大副的命令。几分钟后,大副对海员叫喊道,'伙计们,你们必须采取行动,否则我们都会没命的。'海员们这才开始动起手来;而在他们收手之前,14名男乘客,还有2名妇女"被抛出了船外,葬身大海。

从幸存者的法庭证词来看,挑选并抛扔那14名男乘客花费了数个钟头,直到拂晓时分才结束。天气在凌晨之后变得好起来,大艇带着剩下的乘客被一艘船看到,幸运获救。小工作艇上的幸存者后来也被另一艘船营救,在此之前,他们在公海上漂浮了六个日夜。

一年之后的1842年,在费城的联邦法庭上,有且仅有一名海员受到指控,依据是一项联邦法令的相关条款,大意为"对侵犯国家的特定犯罪的刑罚"应是不超过三年的监禁以及不超过一千美元的罚款。这里的犯罪是指,由任何"海员"或其他人"在公海实施的非预谋杀人"。在"威廉·布朗号"沉没事件中,据该联邦法令受到指控的唯一的那个人,既不是船长也不是大副,而是一名海员,他叫亚历山大·威廉·霍尔姆斯(Alexander William Holmes)。

霍尔姆斯,26岁,生于芬兰,少年时起就是一名水手,并且——再一次,用法庭书记官的话来说——拥有一副"足以担当艺术家模特的充满坚毅与力量的体格和外貌"。他是最后一名离开"威廉·布朗号"的海员,曾英勇地营救了那些试图逃离却差点被淹死的乘客。在大艇上,他把"他的衬衣和马裤之外的所有衣物"送给了妇女们。正是他,发现了救援船;也幸亏"他的努力,使得救援船看到并营救了他们"。庭审中,船长证实,霍尔姆斯"总是服从于主管的命令。在船上我从未拥有更好的下属。他是一流的海员"。霍尔姆斯似乎一直就是这样一个人。

II

相关的事实就是如此。现在,让我们开始确认海员们在决定谁应当被抛出船外时所依据的选择原则(该原则以及其他即将被讨论的原则,见本章末尾列表)。根据法庭证词,大副命令海员"不要把丈夫和妻子分开,也不要抛弃任何妇女"。(有两姐妹自己跳入海中,她们这样做,究竟是出于徒劳地试图换取她们兄弟的生命,还是因为对其兄弟即将到来的死亡感到绝望,这个问题永远无从知晓。)显而易见的是,大副忽视了他自己先前对船长提出的建议——他原本提议要通过抓阄来决定谁应当被抛出船外。除了上面所提到的大副针对夫妇和妇女的告诫,法庭书记官告诉我们:"此外没有其他的选择原则。也没有任何证据证明在海员之间结成了同盟(也就是说,没有共谋要淹死特定的乘客)。没有抓阄,也不曾就即将要采取的行动向乘客进行告知或咨询。"遵循大副命令的后果,是除了与其妻子同在大艇上的两名已婚男子和一个小男孩外,其他所有的男乘客都被抛弃了。

因此,看上去似乎可以把大副的命令和海员的行动所依据的选择原则称作"保全家庭、妇女和儿童"。然而,情况并非如此。因为我们从法庭书记官那里得知"没有一个海员被抛出船外"——这促使书记官以某种不详的方式补充道:"海员中的一位,那个厨师,是个黑人。"没有抛弃任何海员的做法绝非偶然,一定是故意的。如果真是这样,看来海员们似乎理解了——甚至极大地修正了——由大副原初的命令所暗示的选择原则。他们的行动实际上是倚赖于一条可被称作"保全家庭与海员"的原则(这里的家庭可解释为包括单身妇女、儿童以及已婚夫妇)。我们也应当注意到,没有任何证据证明大副曾反对这种对其原则的理解或修正。因此,很可能正是"保全家庭与海员"——我将在下文中把它称作"操作性选择原则"——在事实上表达了大副未曾言明的意图。

为什么霍尔姆斯和其他海员愿意遵循这个原则?大副的命令和海员的服从似乎可以合理地解释为,出于尽可能多地保全生命这一目标,这是他们所能做出的最佳判断。这个选择原则的要点就是为了达到该目标。无可否认,其他可能的意图也会在他们头脑中闪现,但被我称作"尽可能多地保全生命"的目标,对我来说似乎正确地描述了他们行为的目的——大副的命令和操作性原则被理解为完成该目标的手段与措施。

这里还有其他的原则在发挥作用。如果我们不承认他们同时还遵循着可被称为"海员有责任服从命令"

的原则,我们将无法理解霍尔姆斯和其他海员的行为。人们记得,大副曾告诉海员们"采取行动,否则我们都会没命的"。如果没有大副这样的指示,人们将很难理解霍尔姆斯的举止。在法庭上(如果可以信任法庭书记官的话),没有人表明霍尔姆斯自己想要负责来决定**何时抛弃乘客**、**是否抛弃**或**谁该被抛弃**。我们可以合理地认为,如果大副命令霍尔姆斯按照其他的选择原则采取行动,霍尔姆斯也一定会像他根据操作性选择原则那样果断地服从命令。

这个被理解为能够证明可疑行为正当的"海员有责任服从命令"的原则,有一个对应物,即"服从上级命令的抗辩理由"。我们从20世纪40年代纽伦堡审判和20世纪60年代越南梅莱军事法庭的实例可知,正如审判霍尔姆斯的法庭同样晓得,援用这个抗辩理由需要有严格的限制条件。但海员霍尔姆斯并非纳粹德国地方长官尤里乌斯·施特莱彻(Julius Streicher),也不是美军中尉威廉·卡利(William Calley)。这两位官员所实施的反人类罪行,不能因为是在执行上级命令而被证明为正当。即便他们确实不知道自己的行为是有罪的,他们也理应知道。因为在当时的情况下,他们有足够的时间来对上级的命令进行思考,也有足够的情报和资料使他们意识到自己行为的本质。而在霍尔姆斯的情形下,我们也能这样评论他吗?我们能说他也本该知道大副的命令是非法和不道德的吗?我不这样认为。否则就意味着霍尔姆斯有时间来思考和权衡大副的命令,也意味着一个小小的海员应当区分极端情形中命令的合法与非法,同时还意味着他应当能够自行决定是否服从在合法性方面存疑的命令。这些含义是不可接受的。因此,即便我们倾向于判断大副的命令是非法和不道德的,我们也没有足够理由去责难霍尔姆斯服从并解释了该命令。

III

现在,我们直接来看操作性选择原则的合法性问题。它可以细分成两个问题:当时选择**这个**原则而非其他可替代性原则的理由是什么?又是基于何种原因来敲定**一项**选择原则的?让我们首先解决第二个问题。

在这个案例中,即便不是每件事,至少大多数事情都取决于是否真的**有必要**把人抛出船外。这个问题显然十分关键,因为如果回答是肯定的,那么人们就有强烈的理由来支持霍尔姆斯的行为。的确,没有任何一个理由可以完全免除他的罪责,因为人们仍然可以提出异议,认为霍尔姆斯在决定应该牺牲哪些人时,运用了错误的选择原则——这一点我稍后再谈。总之,对霍尔姆斯行为的必要性问题不能立即作答。它并不像空间中不受支撑的物体是否必然落向地面的问题,也不像每只雌狐是否必然都是一只雌性狐狸这种问题。因为不存在任何自然法则或语义规则,能像在上述问题的情形中那样(各自地)完全控制着大艇上人们的生死存亡。让船上部分人去死的必要性,其本身只是一种有条件的必要性,这种必要性取决于对保全一些生命的目标认可,也取决于从大艇上驱逐出去的人们缺乏其他可用的漂浮手段。因此,这里需要回答的问题毋宁是:为了让大艇上的其他人有更大的生存机会,是否必须要把一些人抛出船外,任其淹死?

答案取决于两个非常不同的因素。一个是事实因素,即大海的状况、天气,尤其是大艇的情况,以及大副、海员和乘客对这些条件状况的判断。另一个因素,是针对把求生之目标与手段连接起来的选择原则的可接受性。最抽象地说,这个正当性原则声称,如果并非所有的人都能幸存下来,并且如果一些人的死亡是许多人活下来的必要(尽管不是充分)条件,那么这些人的死亡就是合理的。让我们把这个原则称作"完成目标的唯一必要手段"。"保全家庭与海员"(我此前称之为操作性选择原则),只是我现在提出的更为重要的正当性原则——"完成目标的唯一必要手段"——的一种操作模式而已。让我们更为细致地分析这些事实和这个新的原则。

首先分析事实因素。法庭记录中关于大海、天气和大艇状况的证据并不清晰;天气实际情况的记录有些模糊;也无法确定大副、海员和乘客认为天气究竟有多坏。但换位思考一下,如果我们是那位在凄风冷雨中的大艇大副,我们是主管,所有人的生命都仰赖我们的判断。我们没法知道海面的状况是否会变得更糟,或许很快就会如此;我们也无从知晓这艘有漏洞的船是否会大面积

12　漏水,而如果海风变得更猛烈,超载的船在海水不断地越过船首和船舷进入舱内时还能坚持多久而不致沉没。在依据任何一项选择原则行事的过程中,行为误差的幅度确实都是非常微小的。而如果错误肯定无法避免,那么最好还是选择稳妥的做法——大副很可能这样想。尽管天气果真会在几个小时内好转起来,我们也依旧无法确定如果不减少船上的人员,漏水又超载的大艇是否能够挨过从晚上10点至拂晓的这段时间。谨记大艇上的所有人都身处危险境地,我认为许多人都会乐于同意我的看法,即如果船上的人若想熬过那个夜晚并幸存下来,那么把一些人抛出船外就是必要的——或者至少对于有经验的海员们来说,他们有理由相信这样做是必要的。

如果我们做出上述判断,那么我们就与审判霍尔姆斯的法庭存在着较大分歧。检察官乔治·M.达拉斯(George M. Dallas)坚决主张霍尔姆斯实施的杀人行为并非必要;从巡回法院承审法官亨利·鲍尔温(Henry Baldwin)对陪审团所负有的指导责任看,法官本人似乎也同意检察官的主张。据鲍尔温说,援引紧急避险的抗辩理由,法律要求"危险必须是即刻且难以抗拒的,除非我们接受死亡或者夺去其他人的生命,没有其他选择"。这句评论清楚而又悄然地暗示,陪审团根据呈现的事实所得出的结论,应当是紧急避险的抗辩理由不成立。陪审团最终同意了这一点,认定霍尔姆斯犯有被指控的非预谋杀人罪。

然而,在同意检察官、法官和陪审团的看法之前,我们需要考察针对他们的观点所提出的两种反对理由。法官鲍尔温通过像他实际所做的那样来解释紧急避险,似乎在暗示:如果霍尔姆斯当真是出于紧急避险而采取行动,那么他本不应该遵循他事实上所遵循的原则——"保全家庭与海员"。相反,法官暗示,霍尔姆斯本应不得不按照另一个截然不同的选择原则来行事,我们或许可以把它称作"先抓到,先扔掉"。当面对"即刻且难以抗拒的危险"和"没有其他选择"时,这才是更好的行事原则。在漆黑的夜晚,当超载的大艇身陷波涛汹涌之中,面临即刻沉没的危险时,根据这个原则,霍尔姆斯以及其他任何精明能干的海员,本应直接把最先抓到的人抛出船外,而不会费心纠缠于性别或婚姻状况这样的细节,同样也不会停顿下来去辨别谁是海员、谁是乘客。霍尔姆斯未能遵循"先抓到,先扔掉"的原则,因此这一事实几乎就证明了紧急避险的抗辩理由无法成立。法官鲍尔温的论断所暗示的,大致就是这些。而如果真像法庭证词所指出的那样,从抛扔第一个人到最后一个持续了六个多小时,那么这一论断的力度还会有所增强。

这种推理的一个结论是,法官鲍尔温很可能把紧急避险的抗辩理由,视作杀人的免责理由,而非正当理由。一个人对他人造成伤害的**免责理由**是,虽然承认伤害他人是错误的,但在当时情况下由于这种伤害无法避免,因此实际上也就不能把责任归结于这个人。因而,如果一个人不得不设法挽救自己的生命,情况又不允许深思熟虑谨慎行事,那么这个人就应当被法律免责。而一个人伤害他人的**正当理由**是,承认这种伤害确实是经过深思熟虑后故意做出的,因为在当时情况下这是正确的(或最好的)做法。法官鲍尔温实质上向陪审团建议:霍尔姆斯的行为虽然没有正当理由,但如果他是出于紧急避险而采取行动,那么他也能够被免责;但由于并非是像法律所界定的那样基于紧急避险,因此他无法被免责。

我不认为这种推理是令人信服的,我也不同意陪审团的这种看法——大艇上的人尽可能迅速地减轻船上负荷的做法并非紧急避险。至于我的论点中取决于事实的部分,我无法完满地进行论证。在我看来,大副一定是相信超载的大艇每分钟都面临着沉没的危险;否则他为什么命令手下的海员把人抛出船外?如果霍尔姆斯有理由相信大副所判断的沉没危险的即刻性,那么沉没是否真的会即刻发生也就无关紧要了。霍尔姆斯、大副以及其他海员事实上是在遵循"完成目标的唯一必要手段"原则。这个原则以及他们想到的操作性选择原则促使其相信,自己所造成的他人死亡,能够因避免了更多人的死亡而具有正当理由。

IV

我们稍后再对这个正当性原则——"完成目标的唯一必要手段"——进行更为详细的分析。现在,让我们转向那个操作性选择原则——"保全家庭与海员"——考察其他一些可以替代的方案。首先,当时似乎完全没必要决定一项选择原则。这种方案要求在减轻船体负荷与把人抛出船外致死之间做出区分。为什么不通过(这个方案暗示)让每个人轮流漂浮在海里的权宜之计来减轻船的负荷?在海员的监督之下,人们肯定会形成固定的循环作业:十几个人先爬出船外,抓靠着船缘,约半小时后爬上船,而其他一些人再轮流爬出船外,漂浮在冰冷的海水里。通过这种方式，所有人不是都可以幸存下来了吗？或至少要比实际的幸存人数更多？不是应当在减轻船体负荷的必要性与让某些人淹死的必要性之间做出区分吗？

但是，通过诉诸爬进爬出大艇的循环方案而试图取消把人抛出船外之必要性的做法，让人难以置信到极点；这非常不现实，正如操作性选择原则的其他几个替代性方案一样。

为了解释这种非现实性，让我们来看许多类似的替代性原则中的两个。其中一个或许可以被称作"保全最好的人"，这个精英主义原则让我们根据特定的健康标准，保护乘客和海员中最健康的人免于淹死。另一个则经常运用于决定裁员和解雇的过程中，即资历原则或"后进先出"原则。试图根据这两个选择原则中的任何一个来采取行动，肯定会被证明在当时情况下完全不具有操作性。我认为没有必要清楚说明其中的原因。人们必须把这两个原则以及其他一些在理论上具有吸引力但在功能上却不实用的原则完全抛开。当评判相关的适当原则时,我们必须谨记大艇与天气的状况、乘客受到的惊吓、海员们易变的忠诚,以及明显存在的迅速减轻船体载人负荷的必要性,尽管这确实意味着那些被抛出船外的人肯定会淹死。无论人们最终会如何质疑操作性选择原则,但谁都不能反对它是一个具有可行性的原则,据此行动将会完成"尽可能多地保全生命"的目标。

同时需要注意的是,无论人们敲定怎样的选择原则,对它的实际运用必然存在一定的模糊性。假定一些人必须离开大艇因而必死无疑,那么无论依据怎样的选择原则,依旧存在疑问:多少人应当被迫离开大艇?为什么16个人是恰当的(或14个人,如果你更倾向于相信那两个姐妹是自行越出船外的)?为什么不是10个人?或者8个、6个?我们无法回答这个问题。也没有任何线索能够清楚解释霍尔姆斯的决定——当他理解大副的命令时,以及当他至少是被大副默许时——将所有未婚的男性乘客抛出船外。我们或许可以这样来推测霍尔姆斯和大副的想法:首先,为了通过牺牲部分人的生命来确保那些留在船上的人获得真正的安全系数,那么牺牲更多而非更少的一两个人就是适当的;再者,对所有未婚的男性乘客来说,唯一的公平方式不是去选取他们中的部分人,而是牺牲他们全部。或许上述理由并不十分令人信服,但我现在尚未想到能比大副或海员们清楚表达的想法还要更好的其他说法。

V

现在让我们返回到操作性选择原则——"保全家庭与海员"。我们必须注意到,这个原则以及霍尔姆斯可能遵循的其他替代性原则有这样一个特征:由于船上的乘客从未同意依据该原则来判断谁将活下来或死去,因此人们普遍指责该原则的运用并不公平。当所有乘客登上大艇时,他们并没有签署这样一份同意书:如果大艇即将沉没,而紧急避险又预示着需要牺牲部分人时,他们将根据"保全家庭与海员"的原则做出牺牲。大艇上的乘客也未进行投票表决,以查明是否所有的乘客都同意该原则。因此,人们必然想知道究竟是怎样的权力,使得船长和大副命令海员去实施一项没有任何人能够确信所有乘客都会接受的原则。确实,有人会说,相比由大艇的官员来决定所要遵循的原则与由乘客自行作出决定,这两者并没有太大的差别。

在适用一项选择原则之前,为什么要强调对该原则的明确一致同意?这是因为没有其他方式可用来尊重所有相关人员的平等权利。未经一个人自愿且明确的同意,其他任何人都无权把这个人仅仅作为完成自己目的的一种手段。自康德(Immanuel Kant)开始,许多哲学家都说过类似的话。因此,我把它称作"康德条件"。如果我们接受这个"康德条件",那么我们必然会拒绝大艇上所适用的那个操作性选择原则。而且,如果对选择原则的明确一致同意是正当适用原则的必要条件,那么大艇上的任何一种选择在道德上都是不允许的。同样,我们也必须拒绝我之前称作"完成目标的唯一必要手段"的原则。因为当部分人的死亡是其他人生存的必要条件时,不论这些人是否同意,这个原则都会使他们的死亡正当化。这个原则明显违背上述"康德条件"。

因此可以看出,大副和海员们忽视了"康德条件"。他们依据一种选择原则采取行动,而不知道该原则所适用的对象中是否有人(更不用说所有人)会同意该原则。他们这样做时,的确像许多人说的那样侵犯了其他人的权利——尽管有正当的理由。但我们也可以说,在审判霍尔姆斯非预谋杀人的过程中,那个法庭同样忽视了"康德条件"——当我们审视法庭多少有些含糊其辞地同意把抽签作为适当的选择原则时,这一点将变得清晰无疑。

我刚才说过,如果把"康德条件"作为任何可接受的选择原则的必要性限制条件,那么将没有一个原则对于大艇上的人来说是可以适用的。这个结论让人难以接受。而通过证明操作性选择原则基于两个理由而仍然是可以接受的,我们或许可以避开该结论。首先,在当时的情况下,操作性选择原则要优于其他的竞争性原则。当我们在后面的章节中指出并评估了其他竞争性原则之后,这一点会更为清楚。第二,假如拒绝所有的选择原则——因为它们全部违背了"康德条件"——那么就会迫使人们接受或许可被称作是"分担灾难"的原则:如果并非所有的人都能幸存下来,尽管大多数可以(或至少是有更多的幸存可能性),但这是以其他人的生命为代价的;由于没有一个人自愿成为牺牲者,那么谁都别活就是更好的选择。

VI

如果按照"分担灾难"的原则采取行动,大副将会首先询问是否有人自愿跳出船外;在没有得到任何回应后,他不得不接着告知船上所有人:由于没有自愿者,并且由于没有人会被选中以抛出船外,除非他本人同意这样的选择原则,再加上由于对任何选择原则都不会存在一致的意见,那么每个人都应当清楚,在这种情况下船很可能会沉没,所有人都将被淹死,阿门。显而易见,"分担灾难"根本不是一项选择原则;毋宁说,当拒绝了所有的选择原则时,它不过是一种默认姿态(default position)。

在思考这样的结局时,我们不得不问:大艇上的人由于接受了"康德条件",因此偏向"分担灾难"原则而拒绝所有的选择原则,这对他们是否会更好?抑或让他们按照某种选择原则采取行动会更好,因为**任何**一项选择原则的结局都要好过"分担灾难"的结局?假如判断一项原则适用的标准,是在无知之幕下(在人们设想自己失去了有关自身情况的认知时,比如,自己的年龄、性别或才干)看人们是否一致同意接受该原则,那么"分担灾难"就次于任何一项选择原则。因为任何人即便不知道自己是乘客抑或海员、成人或儿童、男性或女性、已婚或未婚,他或她都能明白,依据"分担灾难"原则自己将没有任何幸存的可能;然而,根据任何一项选择原则采取行动——更不用说,根据操作性原则——幸存下来则是有可能的。所有人都会偏向某种(不一定是同样的)选择原则而甚于"分担灾难"原则,这纯粹是基于自利的原因。当然,上述的推理最多证明了(也可能有人会反对),如果在无知之幕下基于自利的原因要在原则之间做出选择,那么人们会选择以上两个原则中的哪一个,这是非常清楚的。但这种推理并未表明哪种原则会更好,因为这更好的原则很有可能并非出自无知之幕下的利己主义。

我们可以举出一个选择原则的例子,它在这方面可以说是优于操作性原则与"分担灾难"原则,但它绝非出自无知之幕。我们或许可以把它称作"弱者的自我牺牲"原则:当只有许多人而非所有人可以幸存时,如果那些体弱的、年老的或其他麻烦的少数人选择牺牲自己,以便其他人能够幸存下来,那么这是最好的选择。(不要把"弱者的自我牺牲"原则与"牺牲弱者"原则相混淆;后者在功能方面等同于"保全最好的人",它们在当时同样是不适用的。)"弱者的自我牺牲"类似于1910年上尉泰特斯·奥兹(Titus Oates)在南极时所遵循的原则。当时他染病在身,认为自己很可能快要死了,因此艰难地从与队友共享的、已被大雪覆盖的帐篷里，义无反顾地爬到外面凛冽的狂风暴雪中。他是有意要减轻队友们的负担，好让他们有更多的机会活下来。尽管他的举动是徒劳的（探险队的所有人最终都未能幸免于难），但直到今天奥兹都被推崇为无私的英雄。人们对他的敬重持续了近一个世纪。这是一个非常有力的证据（即便不是铁证），说明奥兹实际所遵循的原则在道德方面优于所有其他的替代性原则，后者有可能会让他做出不同的举动（或者是出于不同的原因而做出与实际相同的举动）。同时需要注意的是，奥兹的牺牲并未违背"康德条件"，因为他把其他人的福利作为自己的目的。也就是说，他选择的方式是把自己的行为作为增进其他人幸存的手段，这个目的是他自由地、诚心地表示赞同的。

通过上面的例子，我们可以说，如果人们同意大艇上部分人的生存是至关重要的，也同意当时并非所有人都能活下来,那么人们就应当认同这一点:在选择谁应当死去所依据的众多原则中,最好的那一个并非是海员们在执行大副命令时所实际遵循的原则。但我们也必须承认,无论"弱者的自我牺牲"原则有多么好,它却明显不是大艇上的任何一个人所愿意遵循的原则。他们的实际行动证明了这点。这也表明尚需要去探寻次优的选择原则。我们希望船上的人,在当时的处境下会大体同意按照次优原则采取行动,即便事实上我们无法获知他们对这个次优原则或其他原则的认同。这样,我们的分析就要返回到操作性原则本身了。

VII

即便大艇上的一些人想要活下来,而另一些人必须离开船被海水淹死,人们仍然会质疑在当时的情况下"保全家庭与海员"是否就是最好的选择原则。对今天的我们来说,这个原则确实过分感性地专注于"家庭价值观"。更糟的是,它保护海员免于为了更大的利益而被牺牲的风险,尤其当海员中的某些人(比如那个厨师)并不比(我们至少可以假设)单身男性乘客中的一些人更善于操控一艘小船时,这种自私就显得令人难以置信。为什么不去遵循或许可被称作是"同等风险"的原则呢?据此,大艇上的所有人都要分担大致相同的被抛出船外的风险。船上的人将通过公平的、无任何歧视的抽签方式来实施这项原则。我们会回想起,这也是大副当初在两艘船逐渐漂离前曾向船长提到的方式(尽管大副后来忽略了这一点)。确实,"同等风险"原则看上去似乎最有可能经受住在无知之幕下进行选择的批评。

但或许并非如此。从报道的这个案例中,我们没有听到任何针对"保全家庭与海员"的操作性原则的辩词。从它自身扼要地说,我认为该原则基于三个理由,因而是正当的。首先,就只选择单身男性乘客而论,这是因为在决定大艇上哪些人符合这种类型时,只存在较少的或完全没有任何麻烦。因此人们容易协调一致地适用该原则,尽管这样做并不完美。其次,鉴于一个妻子很可能会寻求其丈夫的保护,反之亦然,而无论基于什么样的其他原则都很可能使夫妻中的一个被选中抛出船外,因此处于这种情境中的人就不可能站出来为一个单身男性乘客做辩解。假如不得不把一些人抛出船外,那么最好是把那些不会受干扰的、容易处置的人抛出船外,也就是那些单身男性乘客。最后,至于海员的豁免问题,这是因为人们相信如果没有任何海员存在的话,乘客们想要熬过未来难以预料的严酷考验而活下来的可能是很小的,甚至是没有可能的。这难道不是很有道理吗?(没有人会知道严酷的考验只持续一个晚上;要知道,工作艇上的人在获救之前已经熬过了一个星期左右。)当然,基于这个理由而拒绝把所有海员都抛出船外,并不能证明也应该拒绝对部分的海员做同样的处置。然而,一想到在海员之间很有可能发生争斗,使得霍尔姆斯与其他一两个海员尽力要驱逐其余的海员,显然,避免这样的争斗才符合每一个人的利益。

总之,如果像辩护律师爱德华·阿姆斯特朗(Edward Armstrong)那样把操作性原则描述为"明确的人性要求",以及"在他们那样的紧急情况下唯一可能的选择原则",可能这样的说法就有些过分了。但我坚持认为,"保全家庭与海员"原则并非没有道理;对其充分思考之后,它很可能在无知之幕下甚至要优于"同等风险"原则,并成为在当时情况下最好的适用原则。因为这两个原则,"同等风险"与"保全家庭与海员",二者之间存在的问题是:你宁愿选择待在船上的更大机会(由"同等风险"提供),还是宁愿选择更大的幸存机会——假如你足够幸运而留在船上的话(由"保全家庭与海员"提供)?

VIII

然而,对于在不同的选择原则之间进行抉择,公诉方和法庭却有着与上述不同的看法。检察官达拉斯事实上坚持主张两个重要的观点。首先,他认为支配着大艇上人们行为的要素有三个:首要的目标——"乘客的安全第一","海员有责任自我牺牲"的原则,以及"同等风险"的原则。其次,达拉斯暗示霍尔姆斯违背了所有这三个要素。让我们更为细致地分析他的论点。

首先,他争辩说,海员遵循那个操作性原则而使得自身免于致命的风险,这种做法违反了所有的航海规则。"我们抗议,"他宣称,"赋予海员如此抛弃乘客如同抛弃货物的权力;也不允许海员为了自身安全,而在他们喜欢的任何时间选中乘客中的任何人并将其抛出船外……我们认为,是这个海员而非乘客才有责任去直面航海的极大危险。他必须保护乘客直至穷途末路,直至死亡本身。这是他的责任。"法官附和了这样的观点,他说道:"为了保全船只与乘客,这个海员有责任……遭受无论怎样的危险。即便情况变得如此危急,以至于需要牺牲生命,那也没有理由去改变法律的规定。由于乘客既没有义务去辛苦劳作,也没有义务遭受生命的风险,他也就没有责任为了保全海员的生命而牺牲自己的生存机会。"

由此观之,如果需要把一些人抛出船外的话,似乎就只有海员们应当被抛弃,或至少在抛弃任何乘客之前不得不抛弃所有的海员。但存在两个理由反对这样的做法。首先,正如我们已经看到的,霍尔姆斯与其他海员确信服从大副的命令是他们的职责。难道我们会认为在当时的情况下,海员们应当意识到保全乘客生命的责任要甚于服从船上长官的职责?就"乘客的安全第一"目标来说,没有人会质疑它的极端重要性。但依照操作性选择原则采取行动是否违背了该目标,这一点尚有疑义。毕竟,通过他们实际所采取的行动,大副、霍尔姆斯与其他海员设法保全了18位乘客以及他们自己的生命。至于"海员有责任自我牺牲"的原则,如今无疑存在着很多的支持理由。但人们必然很想知道,当霍尔姆斯听到法官鲍尔温在公开法庭上援用这项原则时,这是不是他第一次听说该原则。

其次,如果霍尔姆斯与其他的海员,包括大副,按照"海员有责任自我牺牲"的原则来采取行动,那么留在船上的就只有惊恐的、缺乏经验的乘客,他们又如何去操控那艘大艇呢?在当时的情况下,甚至正是"乘客的安全第一"目标与"尽可能多地保全生命"目标相结合,才要求人们拒绝适用"海员有责任自我牺牲"的原则。

这样明显的可能性被检察官轻易地忽略了。而法官鲍尔温却更为审慎,他恰切地说道:"船长(在当时的语境中,指的是大副)……以及操控船只的足够数量的海员,必须被保全下来。"这个但书实际上使"海员有责任自我牺牲"的原则在当时的情境中失去了全部的效力。因为即使所有的8位海员和大副都被抛出船外,或许也不足以提高当时情况下船上其余的人有理由期待获得的安全系数;这给那些幸运地留在大艇上、却又不幸地需要在汹涌的海浪中自行谋生的乘客,增加了新的风险因素。

IX

  此时,人们也许会自然地发问:乘客们是否对大艇上的座位拥有权利,以致抛弃他们中的一些人就会侵犯他们的权利。让我们更为抽象地思考这个问题。假设救生艇上恰好只有一副救生用具或一个空座位,但有两个人、一名乘客和一名海员同时要求得到它。那两者中的哪个人有权获得救生用具或座位?确实,在没有某种特别说明的情况下,是那位乘客拥有如此权利,正像法官鲍尔温暗示的那样。我们之前讨论的"海员有责任自我牺牲"的原则可以被看作是对这样一个事实的反映,即乘客拥有的权利必然使海员承担相应的责任,而乘客本身却不承担任何来自于海员权利的义务。

但以上这一点对我们所讨论的案例却毫无帮助。假如任何乘客有权乘坐大艇,那么所有的乘客都有权这样做,并且他们的权利是平等的。既然大艇没有足够的空间供所有的(且只有)乘客占用,与此同时大艇还要保证最小的安全系数以防沉没,那么,需要解决的问题就是在拥有平等权利主张的过多乘客之间公平分配座位。考虑到有必要减轻大艇的负荷,一些乘客或海员就必须被抛出船外。因此,检察官争辩说,如果"海员有责任自我牺牲"的原则被证明是无理的苛求,那就应当适用另一个选择原则。"通常的解决办法,"他说,"要……确定牺牲的原则,并且选择的方式涉及所有人……在大海上,海员与乘客站在相同的起点,彼此之间具有平等的关系。"换句话说,选择的原则应当是"同等风险",选择方法是所有人都平等参与的、没有任何偏袒的抽签决定。达拉斯在口头上并没有把抽签的论证理由与乘客的权利主张关联起来,尽管他很可能在内心是这样做的。然而,法官鲍尔温再一次显示出更为审慎的态度。他同意达拉斯所说,若抽象地思考,也就是撇开具体的情境来看,"通过抽签……决定的选择……被认为是最公平的方式,并且在某种程度上,也被看作是在求助于上帝,以此来选择牺牲者"。但与检察官不同,法官承认在当时的现实情况下,计划通过抽签来决定选择或许是不切实际的,甚至是没有可能的。这很可能也是大副的想法;因为,如同我们已知的,他在实际情形下最终并没有提议使用抽签这样的决定方法。

法官鲍尔温当然是正确的。辩护律师阿姆斯特朗更为强调地指出:"谁曾听说有人半夜在抽签,并且是在即将沉没的船上,在黑暗、大雨、恐惧和迷惘之中抽签?当周围的一切都在变得更糟,打算通过抽签来决定谁将被豁免……这不过是个很容易提出的建议,却很难付诸实施。"确实如此。当人们为了防止无人生还而要牺牲一些人时,当人们在这样的情况下始终努力去保全尽可能多的生命时,"同等风险"原则如同"保全最好的人"以及"后进先出"这样的替代性原则一样,完全不具有可行性。

此时,人们又会注意到另外两个问题。首先,我们可以设法解决在大艇上进行抽签的困难,方法是通过决定遵循另外一个不同的随机选择原则,一个古罗马军队极为熟悉的原则——十一抽杀律。这个原则的适用方式如下:通过计数,大副确定大艇上的(为了方便,比如说)36人中必须有12个人被抛出船外。因此,他指示霍尔姆斯和其他两位海员,按照顺序每隔两人就把第三个人抛出船外,不论这第三个人是谁。这样一种选择原则,因其具有随机性和公平性特征而被推崇为真正的抽签方式,并且更易于实施和操作。但我不会去思考该原则是否会被认为优于操作性选择原则,以及是否会与后者一样,能够在实际情况中有效地予以实施。

然而,法庭或许是因为过分热衷于"同等风险"原则,以至于忽略了"康德条件"的支持者绝不会忽略的一个问题:无论经由抽签所做的选择会有多么的公正,只要不是所有人都同意以抽签来决定牺牲者,那么依照"同等风险"原则采取的行动就只是略微优于遵循其他原则所做的决定。由于法庭未能对"康德条件"给予丝毫的重视,它对抽签方法的支持,也就使得周围的人毫无疑虑地接受了我之前称作"完成目标的唯一必要手段"的正当性原则。

至于乘客们对救生艇座位的平等主张权利,或许有人会认为这些权利使得船主承担必要的责任,以确保船在离港之前已经适当地配备了最先进的救生设施,而船主未能提供足够的救生艇则侵犯了乘客们的权利。当然,除非有理由认为——如同当时确实存在这样的理由一样——乘客们事实上放弃了对那些安全措施的权利要求,或者默认了安全措施缺乏的状况。因为他们非常清楚船若沉没自己所需承担的风险是什么,但由于他们无力搭乘装配更良好的大船越洋航行,因此他们选择去冒这样的风险。

X

如果简略地分析一下后来的法律如何裁判霍尔姆斯的行为,将更有助于我们理解这一案例。最为关键的是一项终极原则——"两害相权取其轻"。这个原则为如今的律师们所熟识,被用来主导类似霍尔姆斯这样的案例——只在有害的事情之间做出选择。例如,《美国模范刑法典》认可了"两害相权取其轻"原则,并且举例来说明该原则的运用:"救护车可以闯红灯。暴风雨中迷路的登山运动员可以在别人的房屋中避难或占用补给品。货物可被抛弃……以保全船只。紧急情况下,药商可在没有必要的医生处方时出售药物,以减轻剧烈的疼痛。"在以上所有的情形中,不合法且有害的行为具有了法律上的正当性。然而需要注意的是,以上的事例远远不同于为了保全其他人的生命而剥夺无辜者的生存机会——霍尔姆斯这样的行为被裁定是有罪的。

为了以防读者认为像《美国模范刑法典》所规定的两害相权原则只是新近才有的,或者认为这只是美国法律独特发展的结果,无法适用于之前的法庭,因此,让我们来看看一个世纪之前詹姆斯·菲兹詹姆斯·斯蒂芬爵士(Sir James Fitzjames Stephen)所作的评论。他是维多利亚时代在法律与道德方面非常有影响力的法学家和理论家。他把"两害相权"作为违法行为正当化的理由,并且提供了一个密切相关的案件作为该项原则适用的例子:"船若负载了太多的乘客而难以漂浮,部分乘客就得被抛出船外。"假如霍尔姆斯案的陪审团接受辩护方对事实的认定,那么詹姆斯爵士就会指示该陪审团宣布霍尔姆斯无罪。

然而,在法官斯蒂芬与《美国模范刑法典》论证的过程中,我们会及时地听到一种不同的声音。它出自杰出的美国法学家本杰明·N.卡多佐(Benjamin N. Cardozo),值得引起我们重视。在评论霍尔姆斯案时,卡多佐说道:

> 当两个或更多的人意外赶上共同灾难,任何一方都无权为了保全部分人的生命而杀死另一方。也没有法律规定可以抛弃船上的人。当听说部分人的死可以拯救其他人时,自愿牺牲者往往是那些选择人性高贵的一面并主动跳入海里的人。在那样关键的时刻,自愿牺牲者所面对的黑暗将被自己身后的人能够获得拯救的念头所照亮。而如果船上没有这类品性的人,或这类人太少不足以保全其他人时,必须由乘客自行把握海上的机遇。在那样的时刻,应当由谁在牺牲者和被救者中做出选

择？又有谁能知道营救的船只何时会从雾里出现？

卡多佐会提议宣告霍尔姆斯有罪，而他是否允许在杀人案件中基于上级命令、紧急避险或两害相权取其轻作为抗辩的理由，则尚不确定。但卡多佐建议中的极端谨慎观点并不占优势，《美国模范刑法典》对相同问题的处理表明了这一点。在针对上面引述的这段话所作的评论中，该法典说道：

> 把杀人行为从两害相权的抗辩范围中排除出去是非常令人遗憾的……导致杀生的行为可能提升的正是试图由制裁杀人的法律规则所保护的价值……每一个体的生命都必须被当作……具有平等的价值，而挽救的生命相比牺牲的生命在数值上所占有的优势，确实应当成为该行为合法的正当化理由……尽管人

们尚未普遍接受这样的观点,即剥夺一个无辜者的生命比失去许多的生命在伦理方面更加可取,但大多数人还是会认为,如果在选择被挽救的生命时并不存在不公正的举措,那么保全了更多生命的行为在伦理上就是正当的。法律当然应当允许做出这样的抉择。

以上的论证又会怎样影响今天的法律对霍尔姆斯行为的裁判呢?我要提醒读者,霍尔姆斯的辩护律师在庭审时并未提出两害相权的抗辩理由,控诉方也未曾主动提及这样的理由进而批判它,承审法官同样未能以任何方式指示陪审团注意到它。因此,这种论证思路在霍尔姆斯的诉讼程序中并未发挥任何明显的作用——尽管有人会说,庭审中对任何一个人的死亡是否的确"有必要"的论战,把这种论证思路完全埋没了。

如果辩护律师明确地提出了这种论证,又会如何?依据《美国模范刑法典》提供的准则,霍尔姆斯应当被宣告无罪——除非,有人或许会提出,因为该法典在评论的条款中附加了这样的要求:"在选择被挽救的生命时并不存在不公正的举措。"我们已经看到,当时法庭论证的要点是霍尔姆斯不公正地选择了牺牲者:首先,因为豁免了所有的海员;其次,由于未能通过公平抽签的方式选择牺牲者。因此,通过更进一步的分析,人们似乎会认为,依据该法典,霍尔姆斯很可能会像实际上那样被宣判有罪,尽管有罪的原因并非卡多佐暗示的那样。

但是,关于霍尔姆斯未曾把救生艇上的任何海员置于危险之中,以及他没有用公平方式来选择牺牲者——法庭似乎过于倚重这两点,我之前已经证明了它们并不像法庭看上去所认为的那样,具有对霍尔姆斯不利的决定性作用。(我要附带地指出,法官斯蒂芬在针对霍尔姆斯案件的一个简短评论中曾声明,当时的承审法官之所以对陪审团做出那样的法律要点的说明,根本原因在于法官的"过度精细"——这正是人们可以从斯蒂芬这样坚定的功利主义者身上期望得到的结论。)确实,一旦承认两害相权在某些案件中是合法的抗辩理由,人们就很难在杀人案件中拒绝适用它。而一旦真的这样做了,人们也就格外难于拒绝支持霍尔姆斯无罪。当然,他的行为代表着极端的抉择——这一点被那些过于简单地为霍尔姆斯辩护的原则、理论或论证弄得有些模糊不清。但是,霍尔姆斯试图减轻灾难的行为不应当受到责难,就如同他所引发的必须做出极端抉择的情况不能被批评一样。

我的分析不会完全忽略以下这一点,即《美国模范刑法典》对"两害相权取其轻"原则的支持似乎基于一个薄弱的事实(尽管它也是事实)——"大多数人也会认为,如果在选择被挽救的生命时并不存在不公正的举措,那么保全了更多生命的行为在伦理上就是正当的。"难道除了"大多数人也会认为"该原则是合理的之外,我们就没有其他理由能够支持它吗？哲学家们很想解决这个问题，其方式是通过诉诸更为抽象、更具包容性的原则，来推导出类似"两害相权取其轻"的派生性原则。这不是我要选择的方式。因为这样的原则几乎就等同于经适用所产生的结果，而如果撇开事先的或同时发生的对需要检验的原则的认同，我们也就失去了对结果做出最终评估所需依赖的立场和观点。联邦最高法院曾发表评论说，《联邦宪法》并不是一个"集体自杀协定"。同样，道德规范也不是这样的协定，更不是杀手们的一份密约。道德法典或道德原则确实是用来限制行为选择的，目的在于守护共同体的价值，其中首要的是平等尊重他人的人身、生命、自治和幸福。在海员霍尔姆斯所处的情境中，需要的正是他事实上所采取的行动。

XI

　　正如我早先提到的,公诉方打赢了这场诉讼;承审法官实际上指示陪审团对霍尔姆斯做出指控所要求的非预谋杀人的有罪裁定,陪审团也的确这样做了。但是,既然霍尔姆斯已经被监禁了几个月,并且还有许多(用法庭书记官的话来说)"事件中的情节"(指的是我们所说的可减轻罪责的因素),法官鲍尔温判处霍尔姆斯六个月的单独监禁与苦役劳动,并处罚金20美元。虽然有人曾向总统扎卡里·泰勒(Zachary Taylor)寻求赦免,但被拒绝了。法律以及尊重他人生命的权威就这样在公海上确立了,即便人们身处惨境也不得对此有所冒犯。

最后,我认为霍尔姆斯有理由抗议自己所受的刑罚。因为如果一些人犯有非预谋杀人罪的话,就没理由认为仅仅他一个人有罪。也没理由认为他对大副命令的解释是不恰当的,这种解释促使他按照"保全家庭与海员"原则采取了行动;而法庭记录没有表明,当霍尔姆斯带头行动之时或之后,大副或任何海员曾反对依此原则采取行动。(该法庭记录确实显示,部分乘客曾表示反对。)我们也没理由相信,霍尔姆斯认为或本应知道自己是在执行非法的上级命令。相反,我们必须重视霍尔姆斯真诚的信念:当他像实际上那样采取行动时,他是在执行合法的上级命令,该命令在当时经受了充分的权衡,而如果必须有人对此承担责任的话,最终必然要由上级来负责。霍尔姆斯所遵循的"保全家庭与海员"的选择原则,在当时的情况下,至少可以说是与任何可行的替代原则一样具有合理性。人们甚至想要驳倒"康德条件"对该原则提出的反对,采取的方法是证明:当乘客选择在公海上旅行时,他们就默认了要去服从船上官员在各种天气情况下做出的判断;因此,他们不能基于"康德条件"的理由,来抱怨大副为了其他人的利益而仅仅选择牺牲单身男性乘客的决定。

当然,以上所有的论证都无法掩饰霍尔姆斯确实协助并导致十几个人死亡的事实。他的确单独并帮助其他海员把一些乘客抛出了船外,他也完全知晓这些乘客将很快被淹死,尽管他这样做时并无预谋的恶意或其他明显应受谴责的动机。霍尔姆斯从致人死亡的行为中获益(尽管不只是他一个人获益),这个事实无法被否认;然而,由于我们无法肯定他获益的方式是不公正的,因此也就不能过分依赖这一点来质疑霍尔姆斯。总之,当霍尔姆斯像实际上那样采取行动时,我不能断定他做错了;因此,我也就无法认为他所受的刑罚是理所当然的——尽管在当时看来一定是宽和的。

原则与目标

"尽可能多地保全生命":无论决定适用何种选择原则,所导致的牺牲者都应当最少。

"乘客的安全第一":无论决定适用何种选择原则,都必须有效地保障所有乘客的安全。

"保全家庭、妇女和儿童":牺牲单身的男子。

"保全家庭与海员":牺牲单身的男性乘客(即操作性选择原则)。

"先抓到,先扔掉":牺牲那些最容易抓到的人。

"保全最好的人":根据特定的健康标准,保全那些最健康的人。

"后进先出(或资历原则)":牺牲那些最后上船的人(他们导致了船体负载过重)。

"弱者的自我牺牲":体弱的、年老的或有其他麻烦的人自愿作出牺牲。

"牺牲弱者":牺牲那些体弱的、年老的或有其他麻烦的人。

"同等风险":通过公平的抽签方式,牺牲那些不走运的人。

"十一抽杀律":如果一连串人中的少数必须死去,以便让大多数人幸存下来,那么按照顺序,每隔几个人就牺牲一个人。

"海员有责任服从命令":海员有责任竭尽全力去执行合理的上级命令。

"完成目标的唯一必要手段":如果一些人的死亡是许多人活下来的必要条件,那么这些人的死亡就是合理的。

"康德条件":未经一个人自愿且明确的同意,其他任何人都无权把这个人仅仅作为完成自己目的的一种手段。

"分担灾难":少数人的自我牺牲可以使大多数人

保全生命,而由于没有人自愿成为牺牲者,那么谁都别活就是更好的选择。 36

"海员有责任自我牺牲":如果需要冒生命危险,那么是海员而非乘客才有责任去直面该危险。

"两害相权取其轻":如果存在着几种备选方案,而其中的每一种都会伤害无辜者,那就选择伤害最小的方案(如果各个备选方案同时导致获益与危害,那就选择危害净值最小的方案)。

"上级命令的抗辩理由":如果一位下属不知道其上级的命令是非法的,而且人们也无法合理地期待他应当知道这一点,那么下属执行上级非法命令的行为就没有过错。 37

第二章

洞穴探险者与罗杰·威特莫尔之死

I

发生于20世纪40年代的洞穴奇案,可能在所有的司法管辖区都会是最为棘手的刑事案件之一。下列引述的文字出自最高法院首席法官特鲁派尼(Truepenny),它们开门见山地表达了特鲁派尼本人及其同仁的意见,也为最终的判决做好了铺垫。在这位首席法官意见书的开始部分,他陈述了案件的相关事实:

> 四名被告都是洞穴探险协会的成员,该协会是一种洞穴探险业余爱好者的组织。在(去年)五月上旬,他们与同是该协会会员的罗杰·威特莫尔(Roger Whetmore)一起走进了

位于联邦中央高原的一个石灰岩洞。当他们深入洞内很远时,突然发生了山崩。巨大的岩石纷纷滑落下来,完全堵住了他们所知晓的唯一洞口。发现被困后,他们就在堵塞的洞口附近安顿下来,等待营救人员来移除那些阻碍他们离开这个地下牢笼的巨大石堆。由于威特莫尔与四名被告未能按时回家,他们的家属通知了该协会的秘书……一支营救队火速赶往事发的地点。

营救的任务非常艰巨……移除障碍的工作好几次都被新近发生的山崩所阻断……在这些人进入洞穴之后的第三十二天,营救终于成功了。

由于知道这些探险者仅仅携带了少量食物,也知道洞内没有任何动物或植物能够让他们赖以为生,因此人们早就担心他们可能在洞口被打通之前便已经饿死了……

从陪审团采纳的被告证词来看,正是威特莫尔首先提议从他们五人中的一人身上来获取给养,否则谁都不可能活下来。也正是威特莫尔首先提议运用抽签的方式,并提醒其他人,自己恰好随身携带了一副骰子。四名被告起初不愿意采纳如此骇人听闻的做法,但是……他们最终同意了威特莫尔的提议……

而在掷骰子前,威特莫尔却宣布撤回这个约定,理由是经他再三考虑,决定在实施如此恐怖的权宜之计前再等待一个星期。其他人指责他出尔反尔,并坚持继续掷骰子。轮到威特莫尔时,一名被告替他掷了骰子,其他被告也要求他针对掷骰子的公平性表达可能存在的异议。但威特莫尔声明自己没有异议。投掷的结果对他十分不利,因而他被同伴杀死并吃掉了。

四名被告获救之后……被指控谋杀罗杰·威特莫尔……在冗长的特别裁断中,陪审团认定了如上所述的事实;并进一步表示,如果根据这些事实四名被告犯有被指控的罪行,那么陪审团将认定被告有罪。基于这个特别裁断,承审法官裁决四名被告谋杀罗杰·威特莫尔罪名成立。由于在刑罚问题上,联邦法律不允许法官有自由裁量的余地,因此承审法官判处四名被告绞刑。陪审团解散之后,其成员联合起来向首席行政长官请愿,要求将刑罚减轻为六个月监禁。承审法官也向首席行政长官递交了类似的请求。但首席行政长官至今仍未就此做出回应,他明显是在等待我们最高法院对纠正错判申诉做出的裁决。

摆在首席法官特鲁派尼所执掌的最高法院面前的

问题,是应该推翻抑或维持下级法院针对四名幸存的洞穴探险者所做出的谋杀罪名成立的裁决。在这个至关重要的问题上,正如最高法院上诉审法官们的书面异议所显示的那样,他们之间很少有共识。其审议最终以极度分化的投票结束:五位法官中的两位(尽管基于不同的理由)投票支持下级法院的裁决,另外两位(也尽管基于不同的理由)投票推翻,而第五位法官——宣称自己"完全无法解决困扰着我的有关本案的法律疑问"——宣布退出审理程序。在这个司法管辖区,正如在其他管辖区一样,上诉案件的分化投票结果相当于对下级法院原判决的确认。

为了让读者免于追问谁是特鲁派尼,他作为首席法官执掌的是哪一个最高法院,以及这个悲惨事件确切地发生于何时何地,我应当说明,这个洞穴探险者们的困境完全是假想出来的,如同这些虚构的诉讼程序所在地——纽卡斯国(Newgarth)最高法院一样。已故法学家朗·富勒(Lon Fuller)在20世纪40年代早期(时任哈佛法学院法哲学教授)为了教学的目的而虚构了这个案例,并于1949年首次出版。在一篇说明自己构想该案例原因的附录中,富勒说他的"唯一目的在于使大家共同关注一些有分歧的政治和法律哲学"。这些"有分歧的哲学"展现在他撰写的五位假想法官的言辞推理中。在现代法哲学的教学方法方面,即便有也仅是很少的假想案例能够在受欢迎的程度上与这个案例相匹敌;数以千万计的法科学生阅读并讨论这个案例已近半个世纪。而关于这些虚构的洞穴探险者们在富勒的设想中最终是否被处死,我们无从知晓;他把自己构想的叙事范围,审慎地限制在最高法院对原判决加以确认这一问题上。

我的目的,并不是要回顾和评价在这个案例中富勒所呈现出的他称之为"有分歧的政治和法律哲学"。相反,我想把分析的焦点聚集在因杀死罗杰·威特莫尔而产生的道德问题方面,以及围绕案例结局和可能的替代性结局的论证推理方面。威特莫尔和他不幸的同伴们在洞穴中的行为,向我们提出了几个道德问题。其中之一是我们之前已经遇到的:在并非所有人都能幸存下来时,谁(如果有人)应当去死?为了阐明纽卡斯国最高法院对这个案例所能做出的最好判决,富勒希望他的读者思考上诉法院宣告无罪或维持原判的意见书中所隐含的法律基本原理;而我则聚焦于富勒的五位法官很少或完全没有注意到的事情。于我而言,核心的问题是,威特莫尔在所说的具体情境中被杀是否具有适当性;也就是说,威特莫尔的死亡能否被正当化,或至少致其死亡的行为被予以免责。

II

或许我们的分析可以从这里开始：针对幸存的洞穴探险者们杀死威特莫尔的行为，思考正当化论证和免责论证二者的区别。不知出于何种原因，就像当下所讨论的这个虚构案例一样，在两个最为著名的真实案例中，正当理由与免责理由之间的区别被不可救药地混淆了。一个是在前面的章节中已经分析过的美国案例——"美国诉霍尔姆斯案"（*United States v. Holmes*, 1842年）。在该案中，辩护律师阿姆斯特朗代表他的委托人向法庭说道："我们坚决主张，这种对必死无疑境遇的合理确信，使自卫行为得以正当化，达到了免责的必要程度。"

在此,这位经验丰富的律师暗示,如果行为具备足够的正当理由,那么该正当理由也就构成了免责的充分条件。另一个案例是四十多年后发生于英国的"女王诉杜德利与斯蒂芬案"(*Regina v. Dudley & Stephens*,1884年)。该案的上诉审法官科尔里奇(Coleridge)勋爵进一步加深了两者的混淆,他在审查该上诉案件时评论道:"人们如今普遍认为蓄意杀害这个无辜男孩的行为显然就是谋杀行为,除非该行为能因法律认可的、广为接受的免责理由而被予以正当化。"混淆在这里是从相反的方向造成的,免责理由似乎可以使蓄意伤害无辜的行为正当化。

与以上的法律人不同,我认为对正当理由与免责理由做出严格的区分是可能的,也是可取的。二者之间并非种属关系。在本书第一章中,我已对二者做出以下区分:对伤害他人的行为加以**正当化**的方式是要表明,该行为是经过深思熟虑后故意做出的,因为在当时的情况下这是可以做出的正确的(或最好的)事情。而把一个人从伤害他人的行为中**免除责任**的方式是要承认,造成伤害的行为是错误的,但在当时的情况下无可避免,因而无法让这个人为此承担责任。

  这个明确的区分也直接适用于洞穴探险者们的行为。假如威特莫尔的死亡可以产生免责的后果,那一定是因为幸存的洞穴探险者们杀死他是出于无知或不可抗拒的冲动,或者是由于误解、意外事件或不幸事故,或者是以其他的方式而被免除了责任。但威特莫尔的死亡并不是由这些原因造成的;同伴杀死威特莫尔的行为原本确实是可以避免的——并不是非得要选择把威特莫尔或其他人杀死。因此,也就没有理由为造成威特莫尔死亡的杀手们的行为免责。相反,他们的行为必须被予以正当化——或至少在道德上是可允许的。假如不能做到这一点,那么杀死威特莫尔的行为就是错误和不正当的。

我对伤害行为的免责理由和正当理由提出的这个明确区分,经常会被法律中所谓"紧急避险"的抗辩理由弄得模糊不清:法律有时把紧急避险作为免责理由,有时又把它当作正当理由。于我而言,下面的说法似乎更为清晰:假如紧急避险是一种抗辩理由——前面的章节中已经分析过的一种策略——那么,它就是一种能够把对无辜者的故意伤害行为加以**正当化**的抗辩理由。当一个人有必要采取行动以挽救自己或他人的生命时,他所做出的理性判断,就已经把疏忽、无知、不可抗力,或者法律上的无能力、无行为能力这些典型的否认过错责任的免责理由排除在外了。

III

在前面的段落中,我曾引述,霍尔姆斯案的辩护律师把因"自卫"而导致的死亡作为正当的杀人行为。他的言辞促使我们思考,能否基于自卫这个理由而把幸存的洞穴探险者们杀死威特莫尔的行为予以正当化。自卫在法律与道德层面都是广为接受的一项原则,被当成伤害——乃至杀死——他人的正当理由。除了绝对的和平主义者,很少有人会质疑这样一项原则的合法性:当一个人自身没有任何过错而被他人置于生命的危险境地时,他可以出于自卫而杀死他人。我们确实必须承认五位洞穴探险者都有生命危险;他们自己明显地相信这一点,并且也有理由相信。我想我们也能够认同,自卫杀人属于一个人的权利——尽管对自卫杀人的正当性附加适当的限制条件,确实有力地证实了人们难以足够精确地表述一项道德原则,以至于能够避免各种令人讨厌的后果和没完没了的限制性条件。

先把上面的问题放置一边。幸存的洞穴探险者们杀死威特莫尔的行为却明显不是自卫行为。一个人不可能出于自卫而杀死或伤害他人,除非是为了应对来自该他人的攻击性致命行为或类似行为的企图。没有人声称威特莫尔曾对洞穴中的任何人实施过,或试图去实施,或者威胁着要实施任何攻击性行为。因此,自卫在该案例中就只是个与事实不相干的问题。

另一方面,四位洞穴探险者杀死威特莫尔又确实是出于自我保护的意图。他们相信,只有通过残忍的食人行为他们自己才可能幸存下来。他们很可能也相信,权宜之计以及正常情理都要求在食人之前先把人杀死,而威特莫尔正是他们恰当选择用来给养自身的人。当然,自卫是自我保护的一种形式;也很可能正是存在于上位概念(自我保护)与它的下位概念(自卫)之间的简单混淆,才促使有些人提议应当考虑杀死威特莫尔行为中的自卫因素。因此,需要我们审视的就是自我保护的观念或目标。

IV

即便承认幸存的洞穴探险者们并非是出于自卫而杀死了威特莫尔,有些人可能还是想要证明,杀人行为并不仅仅意味着洞穴探险者们是出于自我保护的欲望而采取了行动。毕竟,人们可以提出这样的论证:正是由于他们的生命权危如累卵——当然,这并非由于威特莫尔的攻击行为,而是由于他们共同的不幸——因此他们才有权进行自我保护。在洞穴牢笼的境遇中,正是生命权为他们夺取威特莫尔的生命提供了理由。要知道,如果他们像实际上那样拥有生命权,那么他们也必须有权去选择足以达到该目标的方式,而他们事实上选择了抽签的方式。因此,威特莫尔的死亡就被其他洞穴探险者们的生命权予以正当化了。

我并不怀疑洞穴探险者们拥有生命权;我们每一个人都拥有这样的权利,尽管很难去准确地表述清楚该权利。人们考虑到这样的权利,是想要主张洞穴探险者们也有权选择足以达到该目标的特定方式。这样的说法,其依据或许可被称作"权利原则",大意是说:一个有权完成某项目标的人,他也有权去选择足以完成该目标的特定方式。(说句离题话,人们需要注意:该原则远不同于康德的相关论点——他曾说过,任何渴望着目标的人,也在渴望着完成该目标的特定手段。对完成目标的某种手段的渴望远不同于实现目标的权利方式,因为我能够渴望去做一些我没有权利做的事情。)

然而,权利原则并不牢靠。这是一种幸运抑或不幸,需视具体情形而定。尽管洞穴探险者们的生命权与权利原则确实会赋权他们把杀死威特莫尔作为完成其目标的手段,我们仍然无法接受他们有权杀死威特莫尔这样的结论。毕竟,威特莫尔难道不是很明显地同样拥有生命权吗?他的生命权难道不是与四个同伴的权利一样健全吗?假如这一点是正确的,那么,他们不得不选择一种不会侵犯威特莫尔权利的方式来达到自己的目标。不仅如此,他们还必须考虑到这样的可能性——没有**任何**方式能够让他们正当地采取行动以保全自己的生命。暂且把这个令人烦恼的可能性置于一边;幸存的洞穴探险者们所选择的方式却并未对威特莫尔的权利予以尊重。为了弄清楚其中的原因,让我们仔细剖析这样一种论证的错误——该论证被用来证明四个幸存的洞穴探险者所选择的方式终究是正当的。

这种正当性论证宣称,由于威特莫尔间接地同意了自己的死亡,并且由于一个人不能抗议自己欣然授权其他人去做的事情是非正义的,因此威特莫尔的死亡就是正当的。该论证的主要前提假设——一个人不可能以本人的自愿行为来加害自己的原则——或许可以被我们称作"霍布斯原则",因为托马斯·霍布斯(Thomas Hobbes)把该原则作为自己的政治主权概念的主要特征。(霍布斯哲学中的统治者不可能加害他自己的臣民,因为无论他做些什么,他的行为都取得了臣民们的默许。他以官方身份所采取的行动总是拥有臣民们授予给他的权力,因为他实际上是臣民们的代理人,并以他自己认为合适的方式来运用他自己的判断力。)无论霍布斯原则合理与否,它在观念的必然性方面总会推导出这样的结论,即我无法侵犯我自己的权利,或无法使我自己成为不义的受害者。简言之,我不可能自愿地去加害我自己。当然,我确实可以伤害到我自己;一个人鲁莽或不审慎行为的典型结果,就是对自己造成伤害,或至少是具有产生这类伤害的严重危险。但是,这类自我伤害并不是加于自身的不义或对自身权利的侵犯。(这个推论难免会受到批评,但我并不打算在这里质疑它。)

V

需要更为细致分析的是上述正当性论证的次要前提,即威特莫尔间接同意了他自己的死亡。的确,他并未——像人们所描述的1910年奥兹上尉在斯科特命运多舛的远征南极过程中所做的那样——直接答应去死。正如我们在本书第一章中所指出的那样,奥兹自愿担当的是殉道者的角色,他把自己的生命服务于同伴们的需要。然而人们会说,当威特莫尔直接同意加入其他人所进行的公平选择程序时——他知道该程序使自己有五分之一的可能性要为了其他人的利益而被选中去死,他也就间接地同意了自己的死亡。这样的选择方案和威特莫尔对此的认可,以及代替他所进行的公平的掷骰子结果,使他自己成了被选中的人。无论一个法庭会如何评价在当时情况下的杀人行为,道德伦理学都无法简单地评判该杀人行为是错误的。我们确实还可以说:如果威特莫尔郑重地同意了一项程序——公正适用该程序的结果是他的死亡,并且他事先就知道该程序是被用于一种致命的抉择,那么,他的同意也就对他本人施加了任由其他人杀死自己的义务,正如他的同意赋予其他人这么去做的权利一样。

有些人——尤其是约翰·洛克(John Locke)——会认为人们没有权利来处置自己的生命,因为我们每个人的存在完全归因于上帝的旨意;我们永远亏欠着上帝赋予我们生命这一最为神圣的礼物。从这种观点看来,威特莫尔的行为是一种间接的自杀(或者,如哈姆雷特那样,更为形象地表述为"自相残杀"),而四个幸存的洞穴探险者对威特莫尔采取的行动则完全是一种谋杀。用权利语言来说,我们可以放弃自己的生命权,就像奥兹上尉所做的那样;我们也可以剥夺生命权,就像每个谋杀者所做的那样(洛克这么说);但我们无法让渡生命权——把它交给、售予或转让给其他人。洛克实际上坚持认为我们没有这样的资格或权力,也就是说,我们没有资格夺取自己的生命。我们无法把决定自己生死的权力给予其他人,因为我们自己不具有这样的给予权。

然而,现代的世俗权利理论却不会认可这样的结论。其原因在于,世俗权利理论并不承认该结论的原初假设——我们之所以拥有自然权利或基本人权,是因为我们是上帝旨意的造物,以及我们的生命是一种神圣的礼物。毋宁说,世俗的权利理论会坚定地表明,除了其他方面以外,我们每个人还有权按照我们自己选择的条件、时间和地点去死,只要这样的选择是可行的,并且没有侵犯其他人的权利。这里并不适宜进一步讨论这个问题,因此我要把洛克的权利理论和替代性理论的思考置于一边,不再做深入探讨了。

VI

有些人可能会反对到目前为止的所有论证,其理由是该论证不具有相关性。因为它完全没有顾及这样的事实,即威特莫尔在掷骰子之前就表示要退出抽签;并且,除非人们能够证明他的退出是非法的,或者从某种角度讲是无效的,否则就不能认为威特莫尔间接地同意了他自己的死亡。相反,该反对意见认为,案件事实的陈述清楚交代了威特莫尔已明确地撤销他先前的同意。这一事实,使得威特莫尔的处境堪比 19 世纪最为声名狼藉的刑事判例之一——"女王诉杜德利与斯蒂芬案"——里面那个年轻的船舱侍者的处境:那个男孩与两名成年海员乘坐一艘救生艇在公海上漂浮,为了从男孩身上获取给养,他的同伴坦白承认未经其同意就杀害了他。

尽管这一反对意见的论证是强有力的,但其他人会认为它的结论不可能成立。因为(正如案件事实的陈述同样清楚地表明了)当威特莫尔被询问他是否针对"掷骰子的公平性有任何异议"——此前由一个洞穴探险者同伴代替他来掷了骰子——他声明"没有这样的异议"。威特莫尔又能够基于什么样的理由来提出异议呢?难道他会认为那副骰子被人动了手脚,用以对自己造成不利?(那可是他自己的骰子!)又或者,难道是那个代替他掷骰子的同伴很小心地弹击了骰子,使其滚动的结果对威特莫尔不利?这些以及其他类似针对掷骰子的公平性的异议,在这个虚构的案件事实中并没有任何看似合理的基础;而由于缺乏这些异议,威特莫尔也就几乎不可能去抱怨掷骰子的过程本身是不公平的。

到目前为止的论证还算顺利。但是,威特莫尔无法质疑掷骰子的公平性,这首先并不能推导出他认可**代替**他掷骰子是公平的;因而也就无法推导出他有义务接受掷骰子的结果,以及其他人被赋予了杀死他的权利。对照雪莉·杰克逊(Shirley Jackson)著名的短篇恐怖小说《彩票》:那个被选中用乱石砸死的女孩最后说出的话是"这不公平,这不正当"——但人们并不清楚,她究竟是在抗议村民们每年进行的通过抽签决定牺牲品的活动本身,还是在抗议她被选中的抽签方式的公平性(这类似于人们无从知晓,当威特莫尔已经宣布自己不同意抽签时,他为什么没有抗议代替他所实施的掷骰子行为)。我认为,由于威特莫尔在掷骰子之前已经宣告了自己的退出,他一定很清楚代替他掷骰子是**不公平**的。他没有抗议掷骰子的公平性,远非表明他认可了把自己纳入抽签方式的公平性,最多意味着他默认了同伴所作的无论什么样的决定和行为。因此,我认为把威特莫尔死亡的正当理由归结于他自己的间接同意,这种论证思路是错误的。相反,他已经明确撤销了同意参与那个致命的抽签程序,也因此明确撤销了同意接受抽签结果的道德约束。如果这个论点成立,那么,杀死威特莫尔的行为就不具有任何道德理据,并且权利原则也是不合理的。(附带一提,人们或许还想知道,如果掷骰子的不利结果不是属于威特莫尔,而是属于其他洞穴探险者中的一个,那么,其他洞穴探险者是否还会如此坚持要忽略威特莫尔的撤销声明。)

VII

存在两个原因,并且其中任意一个都会让有些人拒绝接受上面的结论——就像其他的洞穴探险者一样,当时他们曾指责威特莫尔试图撤销同意的行为是"背信弃义"。拒绝接受的首要且明显的原因是,没有人可以单方面撤销自己在抽签中的参与行为。以这种观点看来,在最初同意进行生死攸关的抽签之后,无论威特莫尔说过或者做些什么,他都无法免除对抽签的参与。他的撤销需要获得其他洞穴探险同伴们的同意才能成立,而他们并未同意。拒绝接受上面结论的人在这里所坚持的原则,似乎可以被称作"不可撤销性原则":未经其他参与方的同意,任何一方都不可撤销庄严的约定。

然而,上述的观点和不可撤销性原则却无法经受细致的审视。假如威特莫尔同意参与抽签的言辞,最初足以把他自己纳入抽签活动中——正如其言辞清楚呈现的那样——那么他随后撤销同意的言辞也应当足以达到其目的。当然,除非发生了一些干扰性事件,且这些事件以相应的方式改变了其他抽签参与人的境况。

例如,假设你和我同意开展一项合作项目。因为有合作的预期,你投入了相应的时间和金钱,否则你是不会这样做的。但我突然宣布要从合作中退出,你却因为陡然面临着全部投入的损失而拒绝同意我的退出。确实,无论合同法如何规定,道德伦理都会认为我**不能随意**而轻松地退出合作。你因为我们之间的合意而产生对获利的正当期待,以及你因为这样的期待而展开的行动和支出,这些都相应地改变了你的境况。至少,如果我当初没有同意开展合作,你原本是不会发生这种支出的;而如果我要退出合作,我就应当补偿你的损失。

然而,在洞穴探险者们的情境中,威特莫尔是在开始掷骰子之前就提出撤销自己的同意,并且在他提议进行抽签与声明退出的时间段内,也没有发生任何相关的必要事件。正如律师们很可能会说,威特莫尔并没有从其他的洞穴探险者那里因彼此的同意而收到任何"对价"——他之前并未获益。况且其他洞穴探险者也没有任何损失。这样,对于他有权从抽签方式中退出的唯一障碍也就消失了。他并不需要其他人的同意才能退出;他及时地表达出自己的意思就已经足够了。(我们无需去决定该如何解释威特莫尔那样的处境——假如他是在知道自己被选中*之后*才试图从抽签方式中退出。)

在结束对这个原因的论证之前,我们还应当考虑其他洞穴探险者反对威特莫尔的另一种方式。设想他们会提出这样的理由,即威特莫尔的退出将使得其他人中的任意一位被不幸选中而成为牺牲品的可能性增大。

准确地说,五位洞穴探险者中的任意一位被选中的可能性是20%(五分之一的概率),而如果其余四位洞穴探险者尊重威特莫尔退出的意思表示并依然想要进行抽签,那么他们中的任意一个被选中的可能就会提高到25%(四分之一的概率)。因此他们认为,威特莫尔没有权利通过把全部的风险负担甩给他们而增加他们自己不幸的可能。5%的可能性增加确实是个很小的变化,也可能不符合律师提出的合同对价观念。但洞穴中的其他人会认为,道德伦理无疑就应该能够把握这一变化所具有的相关性。威特莫尔要如何答复这种说法?

他应当承认,假如其余四位洞穴探险者还想继续进行抽签的话,自己的退出确实使得他们中的每一个都增加了5%的死亡风险;就此而言,四位洞穴探险者的反对是正确的。但威特莫尔要做的主要答复应当是,他们的指责完全是在回避问题。因为这样的指责假定了必须或者应当首先进行生死攸关的抽签,而事实上根本不存在这种道义需要。虽然的确是威特莫尔自己提出了抽签的办法,但现在却是其余四位洞穴探险者坚持要进行抽签(正如他们坚持要威特莫尔参与一样)。这只是四位洞穴探险者自己的选择,而不是必然要发生的事情,他们也并不拥有控制威特莫尔行为的权利。因此,威特莫尔可以根据自己的选择而自由地加入或者退出抽签。

反对威特莫尔退出抽签的第二个原因呈现了不同的论证思路。它忽略上面的准契约性义务问题,而着重指出假如威特莫尔退出或者被允许退出抽签,他的行为就是对洞穴中其他同伴的背叛。毕竟,他们五个人都默示同意了要共同承担探险活动的风险;他们不仅受制于法律条文,而且要遵从道德约束。我们或许可以用"平均分割"这样熟悉的语言来表述该原则——它使得威特莫尔单方面拒绝进一步分担风险的行为是不可接受的。威特莫尔自己在这件事情上没有决定权;他也不应当被允许退出抽签。

这个反对理由令人关注的地方在于,它忽略有关权利与义务的语词和原则,而代之以在人们头脑中浮现出这样的画面:一个具有明确宗旨的小型社团突然面临着被活埋,以及彼此之间的忠诚纽带有可能断裂的恐惧与危险。但是,这个画面能有多大的说服力和决定性作用呢?毕竟,威特莫尔试图退出的想法并没有或并未打算要以其他人为代价而使自己获益。相反,他的退出是一种自发的、具有实质意义的死刑判决。因为通过抽签而幸存下来的其他人不可能邀请威特莫尔来分享他们的食物,他自己也确实不具有提出这种要求的资格。那么,当其余四位洞穴探险者准备通过掷骰子来冒险一搏时,他们究竟能有什么样的理由去指责威特莫尔不是他们中的一员呢?提出"忠诚于团体"的要求,并把它作为一项原则以表明任何人从抽签中退出都是错误的越轨行为,只不过是无视个体权利的另一种方式而已。

VIII

现在是回到我们早先提出的紧急避险问题的时候了,因为它在杀死威特莫尔的辩护中提出了完全不同的论证——一个或多或少是基于后果论者的功利主义(consequentialist utilitarian)的论证。因此,这个论证具有三个重要的特点:首先,它在实质上把威特莫尔的死亡重新简单地定义为杀人行为,而拒绝过度渲染为谋杀;其次,它通过分析这个杀人行为对所有相关人员的影响来解决道德伦理问题;最后,它依赖于对杀人行为产生的利弊进行总结或合计。这个论证思路的前提假设是:一旦关涉到人们的生死,那么有人活下来总比没人幸存要好,有更多的人幸存总比较少人幸存要好。这是我在本书前一章节中合理指出的目标,在那里我把它称之为"尽可能多地保全生命"。为了这个目标,我们还可以增加另一个前提假设:一旦有必要牺牲一些人才能使许多人活下来,那么那些人的死就是正当的。第二个前提假设在本书前一章节中也出现过,在那里被称之为"完成目标的唯一必要手段"原则。毕竟,生命本身是美好的,因此,越多生命得以保全则越好。基于这种推理,只有威特莫尔被杀死才能让其他四个人活下来;任何人也都能意识到,取代杀死至少一个人的唯一方案就是全部去死。基于上述原则,这个取代方案更加糟糕。因此,那四个洞穴探险者杀死威特莫尔的行为就是正当的。毕竟,四个活着而一个死亡要好于五个全死。

但是,让我们再来分析一个应用伦理学著作中类似的假想案例。假设是我在讲给你听:

> 我是一名器官移植的外科医生,我有几个

濒临死亡的病人——如果有合适的器官移植，他们每一个人都可能活下来。这些病人中，有两个人各需一个肾脏，还有一个人需要肝脏，第四个人需要心脏，而第五个人需要全面输血。你的医生告诉我，由于不可治愈的脑部肿瘤，你快要死了。而我的助理发现，你的血型和内脏组织都非常适宜移植给我所有的病人。因此，我与其等待你自然死亡——到那时，我所有的病人也都死了，还不如提议立即把你瓜分了以保全我的那些病人。毕竟，一旦关涉到人的生命，你肯定会同意，如果不是所有人都能活下来，那么让一部分人活下来总是更好的。因此你必然也会同意，四个存活一人去死要优于五个全死。

由于心里记着我们之前对威特莫尔案件的讨论，你可能反对牺牲自己而成为器官捐赠者。首先，你会质疑说,自己没理由相信这是通过一个公正的程序使自己被选中去牺牲生命。在所有可能的捐赠者中,为什么就是你被选中了?这个反对理由有一些说服力,但并不太多。原因在于,假设基于医学根据而证明你是唯一匹配的捐赠者;或者,即便你只是医学上适宜的很多捐赠者中的一个,但你却是这些人中唯一会在不久的将来过早死亡的人。一旦有必要保全生命,并且这样做的损失实际上能够只由一个人承担,或者最好只由一个人承担,那么这个人将不得不承受这些损失——功利主义者大概就会这样争辩。

幸运的是,你还有另一个更有说服力的反对理由。无论你是如何被选中的,你都会坚决主张自己对其他病人没有牺牲的义务或责任;因此,这个外科医生没有权利瓜分你的身体,因为你从未直接或间接同意任何程序以保全这些人的生命而牺牲你自己。功利主义者争辩中的问题在于,它或者是毫无根据地假定你默示同意了自己的牺牲,或者是毫无理由地忽略你未曾给出或拒绝给出这种同意所具有的相关性。因此,正如我们先前所看到的那样,由于威特莫尔没有给出这样的同意,他的死亡就只能通过无视他权利的论证方式来得以正当化。当然,如果你为了那个器官移植医生的病人的缘故——他们对于你是完全陌生的,并且除非立即进行器官移植,否则他们就会死去——而终止了自己的生命,那么你的慷慨非同寻常。这种慷慨就类似于,假如威特莫尔为了同伴们的利益而献出自己的生命。他原本可以成为同伴们的英雄,而你可以成为那五位病人的英雄,就像奥兹上尉是他的探险队员的英雄一样。但是,任何人都没有权利仅仅因为夺取生命的行为对于保全其他人是"必要的",就去**夺取**威特莫尔或你的生命以便取得这种有利的结果。我们从这里可以看到,正如从前面章节所讨论的霍尔姆斯案件一样,那里所称的"康德条件"限制了"完成目标的唯一必要手段"原则的应用。

"康德条件"禁止人们把其他人仅仅作为完成自己目标的手段,从而不允许把其他人及其目标的价值看作是次于自己以及自己的目标——即便是在没有其他方式能够完成目标的情况下。

在继续论证之前,我们或许要问:是否威特莫尔仍然应当赞同抽签的结果?我们又能够有什么样的理由认为他应该那样做?这个理由不会是他有那样的义务或责任,也不会是其他人有命令他那样做的权利;这些都已经被证明无法成立。也不会是因为其他人想要他那样做:我们不能从其他人想要他做什么而推导出威特莫尔应该做什么。那么,假如他那样做了而对其他人则是件好事,这个理由是否成立?好吧,如果威特莫尔为了其他人而牺牲自己,这确实对其他人是极其有益的。但我们不能笼统地认为,如果一个人去做某件事情将会给其他人带来益处,因此这个人就应当去做这件事。我们每个人都能为其他人做太多的好事,所以,一件事情对其他人有益,这并不是一个人应当去做这件事情的充分理由。毕竟,某种行为对其他人有益,这一点并不能使该行为比其他同样有益(甚或更加有益)的适当行为具有更大的可取性。

我们可以争辩说,威特莫尔能够做的最好事情就是牺牲他自己,并且像其他每个人一样,威特莫尔应当总是去做最好的事情而无论它是什么。这能解决问题吗?让我们接受这个前提假设,即我们应当总是去做自己能够做的任何最好的事情;并从中推论出,因此威特莫尔应当去做他能够做的任何最好的事情。但是,牺牲他的生命是否**是**他能够做的最好的事情,这个判断部分依赖于**他**是否想要做这件事,以及他想要这么做的**理由**。简单直率地认为,最好的事情是威特莫尔为了其他人而牺牲自己,因而他就应当这么做——这种想法忽略了以下事实:假如其他四位洞穴探险者中有一个人牺牲他自己,那么,这对于威特莫尔和其他三个人来说同样是有益的,并且这个人的牺牲也并不比威特莫尔的牺牲更好或更糟,更大或更小。因此,这个理由同样无法证明杀死威特莫尔的行为是正当的,一如它无法证明杀死其他洞穴探险者中任何一个人的行为是正当的。

IX

这里的利害关系可以用人们普遍接受的一个道德原则来表达:任何一个无辜者的生命都不应只是为了满足其他人的需要——即便是多数人的需要——而被牺牲(也就是,未经同意而被他人夺取)。这个原则——我们或许可以称为"生命权原则"——显然就是先前被我称为"康德条件"的另一种表述,它禁止把一个人仅仅作为完成其他人目标的手段。幸存的洞穴探险者们违背的正是这个原则;同样,如果一个人基于前面器官移植案例中的功利主义理由来采取行动,那他或她违背的也是该原则。这就像有人争辩说,由于洞穴中的威特莫尔(或某人)的死亡确实是"必要的",因此为了增进其他人幸存的机会,当其他人认为合适时,很可能是通过某种公平的选择方式,譬如抽签,他们就可以去杀死他——这种说法同样违背了"生命权原则"。然而,这个原则与"完成目标的唯一必要手段"原则相矛盾;后者认为,为了保全其他人的生命,尤其是大多数人的生命,任何必要的行动在道德方面都是正当的。

或许有人要问,为什么我们应当如此信赖任何一个无辜者的生命都不应只为了增进其他人的福利而被牺牲的原则?为什么这个"生命权原则"就要比对本案例将产生不同结论的其他原则更加可取?如果说,这个原则内在地就是要保护个体利益,其他与之相矛盾的原则并非如此——这种说法并不充分,尽管我相信它是正确的——因而我们必须追问,为什么以许多人的生命为代价去保护某一个体的利益就是如此重要。如果说,"生命权原则"表达了一个根深蒂固的直觉真理,并且我们文化传统中许多最有思想的伦理学家和道德理论家都认同这一直觉真理——这种说法尽管同样是正确的,但依然不够充分。另外,以下的说法也不具有足够的说服力,即这个原则与其他根源于直觉真理的类似道德原则相结合,使得我们整个道德原则体系要比如果我们支持其他替代性原则而排斥这个原则来得更为协调一致——尽管我相信这种说法也是正确的。

究竟哪种论证——它不会是沿着上面的简要概述而推演出的论证——能在这里完全回答怀疑论者的问题,我并不清楚。简单地宣告自己对"生命权原则"不加掩饰的偏爱,同样不能令我满意。我想,最终我会默默地邀请读者与我一起分享一幅人类有尊严的生与死的画面(如果我可以用那个已被过度滥用的措辞)——在这幅画面中,道德主体彼此尊重,他们按照我已经说明的"生命权原则"来采取行动,而不是依据与之不相容的其他任何原则。

X

考虑在此之前的讨论,我们最终还能够充满信心地说明,道德伦理会命令或建议这五个洞穴探险者在洞穴中应当做些什么吗?许多人可能想到的一个还算有吸引力的建议是这样的:首先,威特莫尔的同伴有义务尊重他从致命的抽签活动中退出。他们没有权利代替他掷骰子,或至少当代替投掷的结果对威特莫尔不利时,他们没有权利按照这样的结果来采取行动。其次,尽管如此,但在当时情况下,威特莫尔所提出的致命的抽签建议仍然是个明智的想法,而且它完全不依赖于威特莫尔自己最终是否选择成为抽签参与人。假如有人必须去死,以便让一些人活下来,那么,那些准备按照这个理由采取行动的人必须通过一个公平而又可行的程序来选择牺牲者。在这种情况下,只有抽签(援引"同等风险"原则)方式才能满足这个程序要求——这一点在我们眼下分析的案例中远远不同于前面章节所讨论的霍尔姆斯案。再次,由于威特莫尔的退出以及其他人对抽签方式适宜性的赞同,因此其他人就应当提议只在他们之间进行抽签活动。他们应当同意,由他们中幸运的三个人去杀死不幸的第四人,以便获取给养。最后,他们还要向威特莫尔清楚声明,他们不允许他从那个被选中的牺牲者身上得到任何给养。当威特莫尔免除了自己有可能被选中而成为牺牲者的危险时,他也就无权从其他人的牺牲中获益。考虑到这种情况,威特莫尔很可能会在获救之前死去——但他没有任何正当的理由可以为这样的结局而抱怨任何人。

上面的推理似乎是基于这样一个论点,即在当时情况下,能够做的最好的事情,就是至少让部分人活下来,只要这样做没有对任何人不公。但这个论点成立吗?不惜以任何代价——或者以某些人所认为的公平且合理的代价——而幸存下来,当真有那么重要吗?正如我们始终意识到的,这里似乎就只有两种可能的情况可以考虑:要么全部要么部分去死。而后一种情况所需要考虑的问题,仅仅只是谁、有多少人,以及他们如何被选中。全部去死又怎么可能要好于只有部分人去死呢?这似乎是不可能的,至少作为一个抽象的论点来说是这样。就像是在前面章节的类似地方,此时此刻,我们发现自己面对着那种我之前称作"分担灾难"的默认姿态:这个论点认为,如果部分人能够幸存下来的唯一条件是有人自愿牺牲,而由于没有这样的自愿牺牲者,那么全都去死就是更好的选择。这个结果当然乏善可陈。

让我们换个思路。假设我是洞穴探险者中的一位;我像其他任何人一样强烈渴望活下去,但我非常厌恶这样的想法,即杀死我同伴中的任何一个并去食其肉饮其血——正如一想到其他人为了吃我而要杀死我,我就感到恐惧一样。我无法鼓起勇气把自己当作牺牲品;我也没办法克服良心上的不安而去参与抽签过程,以便决定究竟是我的身体要被其他人吃掉,还是他们中的一个要被我吃掉。在洞穴中会导致死亡的所有选择都令我感到厌恶。于我而言,吃他人的身体或被他们所食——甚或是待在一边看着其他人从我们共同的朋友尸体上获取给养——这让我感到恐惧和厌恶。因此,我渐渐地说服自己,在这个悲惨的洞穴中,由于没有从外界获救的希望,我宁愿死于脱水或饥饿,也好过或是通过同类相食而挣扎着活下去,或是试图去死以便让其他人从我身上得到给养。[我要把这样的问题搁置一边,即如果我是第一个死于自然原因,那我是否要反对同伴们趁着这个机会来吃掉我的尸体——正如皮尔斯·保罗·里德(Piers Paul Read)在他的《活着》(*Alive*)一书中所报道的1972年安第斯山空难幸存者们面临的问题。]

　　让我们进一步假设洞穴中的所有探险者都像我这样思考。每个人都相信,与其杀人食人以求苟活或是被人杀死以供给养,自己宁愿死于自然死亡。假如洞穴探险者们都是以这种方式思考问题,我们能说他们的结论是错误的——在可以去做的最好的事情上是错误的吗?毕竟,他们无法指望长生不死——任何人都不能,更何况葬身于洞穴中的这场飞来横祸,甚至还允许他们比其他许多人拥有更多的机会,来决定自己如何以及何时去死。

XI

现在我们需要考虑的是,如果不是所有人都能幸存下来,那么更好的选择是否真的就是让其中的部分人活下来,而不论为此将必须做些什么。我认为这个论点顶多是未定的,因为它事实上并未考虑到这些正在被讨论的幸存者所拥有的其他选择或想法。在没有一个洞穴探险者愿意被杀死或去杀人的情况下,我们可以想像,他们中的一个人会以如下所述方式来明确表达他们所有人的观点:

> 确实,当并非所有人都能够幸存时,较好的结果是部分人能活下来,而最好是大多数人

都能这样。抽象地去思考,我们都能够看到"分担灾难"原则具有荒谬性。但这种思考却未能顾及必须采取怎样的行动才能避免那样糟糕的结局。在我们的处境中,它要求我们愿意去杀死和吃掉其他人的身体,或者为了那样的目的而愿意被人杀死。但在事实上,我们洞穴中的每一个人都不愿那样做。我们拒绝通过自相残杀和同类相食来保全我们的生命。我们也不会要求或鼓励我们中的任何人去为了其他人而把自己作为牺牲品。我们能够做的最好的事情,就是按照我们深思熟虑的想法而行动,尽管这不可避免地将导致我们所有人不合时宜甚至可能是不必要的死亡。

我不明白上述观点为什么就是不可理喻的,或者注定就是有瑕疵的。它只是把威特莫尔很可能说服自己退出抽签的想法,简单推演至一般情况或其他类似情形

66 而已。正如我认为其他洞穴探险者必须尊重威特莫尔的退出决定一样,我认为我们也必须尊重所有那些下定决心[用阿尔贝·加缪(Albert Camus)生动的措辞来说]既不当受害者也不做刽子手的人。这就意味着,我们不认为活下来就是最为重要或至高的价值目标,以至于为了能够达到这个目标,甚至在最为极端的情况下都**必须**要有一些可被允许的手段。因此我要说,五个人都困死于洞穴中而不是设法让四个人从另一个人身上获取给养,这样五个人的生与死都要比那样四个人为了活下来而未获允许就杀死第五个人更加具有尊严。从来没有人曾告诉我们,有必要为了一些人的生存而不论其他人得付出怎样的代价。至于说到以下的情形,即其中一个人同意自己被杀掉,其他四个人也愿意为了吃掉他以便活下来而去杀死他,对此我只能为自己辩护说,我会选择——或者,承认人性的弱点,希望我会选择——不去扮演这两种角色中的任何一种。

原则与目标

"自卫":对他人的致害(包括致死)行为是正当的,只要这种行为是避免因该他人无端挑起的不当侵害行为而使自己成为受害者的必要条件。

"自我保护":对他人的致害(包括致死)行为是正当的,只要这种行为是自己本人能够幸存下来的必要条件。

"权利原则":一个有权完成目标的人,他也有权去运用足以完成该目标的特定手段。

"霍布斯原则":一个人无法以他本人的自愿行为来加害他自己。

"不可撤销性":未经其他参与方的同意,任何一方都不可撤销庄严的约定。

"平均分割":当利弊是在几个人中间分配时,每一个人都应当平均拥有利弊。

"忠诚于团体":团体的需要总是优先于任何团体成员的个人需要、利益或权利。

"功利主义原则":在所有可供选择的方案中,主体都应当选择那个能够带来最大净收益的方案。

"尽可能多地保全生命":为了尽可能多地挽救生命,应当选择导致尽可能少的牺牲者的做法。

"完成目标的唯一必要手段":如果少数人的死亡是许多人幸存的必要条件,那么少数人的死亡就是正当的。

"康德条件":未经一个人自愿且明确的同意,其他任何人都无权把这个人仅仅作为完成自己目的的一种手段。

"生命权":任何一个无辜者的生命都不应未经其同意就为了满足其他人的需要而被牺牲。("康德条件"隐含这一点。)

"同等风险":通过公平的抽签方式,牺牲那些不走运的人。

"分担灾难":少数人的自我牺牲可以使大多数人保全生命,而由于没有人自愿成为牺牲者,那么谁都别活就是更好的选择。 68

第三章

吉姆与丛林空地上的印第安人

I

本章所要讨论的冲突性事件,其主要场景如下:

吉姆发现自己身处南美一个小镇的中心广场上。被捆绑着靠墙站成一排的是20名印第安人。他们中的大多数充满恐惧,少数人的眼神却透露出轻蔑。站在他们面前的是几个身穿制服的持枪人,还有一个穿着汗渍斑斑的卡其布衬衫的大块头男子,是这伙人的队长。吉姆被这个大块头队长仔细询问了很久。当得知吉姆只是在植物学考察途中偶然经过这里时,队长向他解释说,这些印第安人是从最近参加抗议政府活动的当地居民中随机选出的一群人,他们正要被枪决,以此警告其他可能的抗议者。由于吉姆是从另一个国度来的尊贵客人,因此这个队长非常乐于向他提供一种针对客人的特殊优待,即由吉姆自己亲手杀死其中一个印第安人。如果吉姆同意这么做,那么作为这种特殊场合的象征,其他印第安人将被释放。而如果吉姆拒绝,由于没有其他特殊的理由,佩德罗(Pedro,队长的下属)将要执行吉姆到达这里时原本就要执行的行动,即枪决所有20名印第安人。吉姆有些绝望地记起儿童文学中的虚构情节,怀疑自己如果有枪的话,是否就可以让队长、佩德罗以及其他士兵受制于自己的威胁。而当时的场景非常清楚地表明,那绝不会有任何作用:那样的企图将意味着所有的印第安人都会被杀死,连同吉姆自己。靠墙站立的人们,以及其他的村民,全都非常清楚这种状况,因而明显是在恳求吉姆接受队长的提议。他应当怎么做?

你会如释重负地得知,吉姆的困境完全是假想出来的,就如同本书第二章中所讨论的罗杰·威特莫尔和他的洞穴探险者同伴的困境一样。吉姆的案例来源于伯纳德·威廉姆斯(Bernard Williams),他是牛津大学和加州大学伯克利分校的哲学教授。他多年前构思了这个案例,并把它发表于《功利主义:赞成与反对》(*Utilitarianism For and Against*)一书中,该书是他与哲学家同事斯马特(J. J. C. Smart)合著而成的。斯马特支持功利主义;威廉姆斯则表示反对,因而讲述了吉姆和印第安人的故事,目的是要指出功利主义道德理论中的重要缺陷。正如前面两个章节所显示的,我对功利主义同样不太友好;但我并不打算把自己对这个案例的讨论作为一个棍棒,去敲打那些功利原则的支持者。相反,我是想要帮助吉姆决定应该怎么做,尽管这会受到功利主义因素的影响。

在讨论之前,需要我们注意的是——不同于"威廉·布朗号"大艇上的幸存者,也不同于陷入洞穴中的探险者——吉姆从他被卷入的致命抉择中将毫无获益。只有当地的居民——那些人质,他们的朋友和家人——会有所收获。可怜的吉姆注定是要失去些什么,一如在本章节适当的地方所显示的那样。就此而言,吉姆有几分类似威廉·斯泰伦小说《苏菲的选择》中的苏菲;无论苏菲选择保全两个孩子中的哪一个免遭纳粹集中营毒气室的杀戮,她终究要失去另一个孩子。(当然,两者之间存在着重要差别——苏菲是被纳粹军官要求去选择保全一个孩子,而吉姆则受到那个队长提议去选择杀死一个人。)

II

我们的讨论不妨从思考功利主义者将如何向吉姆提出建议开始。而只有事情的结果及其价值才对功利主义者具有重要性。因此,在这个案例中,我们恰好可以首先去细致分析队长的提议所蕴含的那两个可能结果。对功利主义者来说,最为可取的结果是牵涉尽可能少的死亡,尽管这种结果出现的概率会对其可取性打折扣。只要吉姆按照队长的提议去做,所产生的最少的死亡——人质中只有一人死亡,其余19人活命——显然就是最为可取的结果。而另外一个可能的结果,则开始于吉姆拒绝接受队长的提议,终结于行刑队枪决所有

20名人质。

伯纳德·威廉姆斯从功利主义者的角度对此评论道:"很显然,正确的答案是吉姆应当杀死一个印第安人。"为什么一个功利主义者这样向吉姆建议就是如此"显然"呢?对此的回答必然是:功利主义者首先会把正确的行动定义为,任何能够产生最大净收益结果的行动;简而言之,功利主义者们想要我们按照"净收益最大化"原则来采取行动。而既然人的生命被赋予了价值并且是极富价值的,那么,在这个案例中,由吉姆亲手导致单独一个人死亡的结果,就显然要优于由行刑队杀死所有20人。人们不难看出,一个功利主义者很可能就是以这种方式思考的。而如果他确实是这样想的,那么,他就会极力主张吉姆应当接受队长的提议,射杀其中的一个人质。但我并不认为深思熟虑的功利主义者会"显然"给出这个劝告。看一下为什么不这样做将会对我们有所裨益。

如果这两种结果出现的概率是相同的,那么"显然",如同威廉姆斯所说的那样,功利主义者更偏爱第一种甚于第二种。确实,既然在第一种结果中所失去的生命数量远远少于第二种,那么,即便他们偏爱的这种结果所出现的概率要稍微小于第二种,功利主义者也会劝说吉姆去射杀其中一个人质。

但是,这种推理合理吗?我认为不。首先,这个案例有许多可能的结果——尽管每一个都始于吉姆接受或者拒绝那个队长的提议。而无论吉姆如何选择,其结果都不会止于功利主义者所偏爱的那一点上。因此,如果不去认真考察吉姆所面临的那两个选择可能进一步产生的全部后果,甚至不管这些后果是什么,功利主义者又怎么能够坚决主张应该做些什么呢?至于说,在这些可能的结果构想方案中哪一个才会是本案的实际结果,当然,我们不知道,吉姆也不知道,功利主义道德哲学家同样不知道。如果为了论证的需要,我们暂时决定把思考的范围限制在目前所指出的这两种结果上,那么,我们应当期待或预言这两者中的哪一种呢?哪一种更可能是基于先验的或实证的理由呢?我们根本不知道。对功利主义者来说,最好就是以我刚刚概述的方式去做他的简单运算。但是,没有任何东西可以保证其余19人会获得自由,即便吉姆杀死人质中的一个。同样地,也无法保证其他相关的事情不会发生——但只有当其他相关的事情确实**没有**发生时,依据功利主义原则所认定的那个明显更优的结果,在该原则下才"显然"是更优的。

III

让我们以功利主义者尝试解决问题的适当方式来更为细致地分析吉姆的困境。首先,那个渴望得到的结果的实现,并不取决于吉姆本人,更不取决于他杀死一个人质的行为。我们最多只能说,吉姆在当时情况下杀死某个人质的行为,是实现那个明显更优结果的**必要**条件。而仅有他杀死人质的行为自然是**不充分**的;单独的杀人行为本身无法导致或造成那个渴望得到的结果。而实现该结果的另外一个必要条件是队长信守诺言,在吉姆杀死某个人质后,他会释放其余19人。然而,确保队长信守**他的**诺言这样的事情却不在吉姆的能力范围内。吉姆自己可以做的事情并不能算作是队长信守了诺言。更糟的是,吉姆无法采取行动以确保队长信守他的诺言。(例如,吉姆无法在射杀了某个人质后去威胁队长,向队长说道:"如果你不信守诺言释放其余的19人,我就开枪杀死你。")因而,在吉姆杀死人质与其他19人获得自由之间还存在着相当大的距离。

一旦想到队长不值得信赖并可能违背诺言这样的可能性,功利主义者就必然会意识到自己无法"显然"地去建议吉姆射杀其中一个人质。相反,他一定会考虑向吉姆提出完全不同的建议,例如,"礼貌地感谢队长提出了邀请,但要坚决地回绝他;继而,在说明适当的理由后,离开那片空地,回到你原来的丛林中"。要知道,所有相关人员的最大利益可能需要这些人质被杀掉;除此而外的其他任何手段都无法刺激当地居民全面反抗一个残酷的、专横的政府,后者一旦被推翻就会被更好的政府取而代之。当然,在另一方面,如果吉姆拒绝队长的提议并试图让自己脱身,那么,聚集在空地上的当地居民就会因他拒绝按照他们所希望的那样去采取行动而感到愤怒,他们很可能会一起上前攻击吉姆,并严重伤害甚或杀死他。另外,由于吉姆激怒了佩德罗或者队长,这又可能导致更多的当地居民被屠杀。吉姆身陷梦魇般的困境并面临着倏忽而至的生命危险。以功利主义的道德伦理看来,我们无法对这样的事实熟视无睹。因此,一个功利主义者无论出于怎样的原因,如果他未能考虑到因吉姆追求那个明显更优的选择而可能产生更为不利的后果,他实际上就是在冒险向吉姆提出极为糟糕的建议。

IV

就像上述简短的补充评论所显示的那样,这位向吉姆提供建议的功利主义者,他无法仅仅依据接受或拒绝队长提议所可能产生的两种结果,就通过指出并比较这两种结果的价值而直接给出建议。因为吉姆对于队长提议的每一种回应方式,都会产生具有不同可能性和吸引力的更为深远的后果。功利主义者必须进一步思考所有这些构想方案——包括上文所概述的——而无论这些方案可能多么令人讨厌。

不仅如此,作为第二点,这位功利主义者还必须考虑到各种可能的分支结果在当时情况下出现的概率。

例如,这种事情出现的概率会有多大,即吉姆刚刚射杀了人质,就发生了:队长——没有信守他的诺言——反而逮捕了吉姆,指控他犯有谋杀罪外加美国佬的傲慢态度,并且下令立即把吉姆与其余人质一起处死,以防他活下来而去揭露队长不愿意公之于众的秘密。或者,再考虑另一种不同的可能性,即那些村民在现实中原本就是一伙暴徒,他们常年都在劫掠探险者、旅行客和政府官员。更为温和的规诫手段已经对他们试过了,但没起任何作用;现在,这伙人为了能够继续其犯罪活动,要组织起来去反叛政府。可以理解,政府的耐心已经耗尽了。为了给这伙暴徒一个教训,队长和他的行刑队接到命令,要随机地聚集起一群人并将其射杀。如果行刑队为了整体的利益而执行自己的职责,那么,这个地区的叛乱和罪行大体上就会结束了。

为什么这些结果就比队长的提议最初设定的那两个主要选择具有更小的可能性呢?吉姆无法回答这个

问题,那位向他提供建议的功利主义者也不能够。吉姆的行动几乎必然出自对队长、人质以及其他村民的相关事实的完全无知——这些事实是提出合理的功利主义建议的依据。由于不存在有用的、适当的经验性信息,因此也就无法进行必要的深思熟虑或评价判断,以便促使吉姆基于实证的理由而在目前已经提出的各种方案之间做出选择。这意味着功利主义者无法向吉姆提出任何建议吗?事情看上去必然如此;功利主义者针对吉姆应当如何行动的建议需要完全依赖于经验性信息;这在本案中如此,正如在其他任何一个案例中那样。

有些人可能想要依据约翰·斯图尔特·密尔(John Stuart Mill)在40年前被人称为"规则功利主义"的评论,来帮助这位功利主义者向吉姆提供建议。规则功利主义者并非要试图计算出吉姆面对的那两个可供选择的行为所可能产生的各种后果的不同概率,而是建议吉姆的行动应当依据那个能使净收益最大化的规则,只要处于相似处境的人们普遍都会依据该规则去采取行动。为简单起见,让我们把注意力限制在以下两条规则上,它们中的每一个都是基于对与吉姆具有相似处境的人类行为的概括:

1. 这个队长是个守信的人,正如与他的军官身份所适宜的那样,因此吉姆没有必要过多担心,如果遵照队长的提议就会对他自己产生不利的后果,或者队长在他射杀了其中一个人质后会否认自己的提议。作为一条规则,军队队长们所说的话是可以被相信的。

2. 这个队长完全是个不值得信赖的无耻骗子,性格反复无常。这突显在他为了杀一儆百(*pour encourager les autres*)而乐于随机地杀死一些人质,却又毫无理由地决定要把吉姆作为尊贵的客人来对待,进而轻率地邀请吉姆去随意杀死一个人质,并(貌似真实的)承诺他自己不会再杀任何人质,尽管他有职责去镇压丛林中的反叛。作为一条规则,无耻骗子们是不能被信任的,一个与之打交道的人要自食其果。

任何一个认为吉姆"显然"应当采纳队长提议的功利主义者必然相信,依据上述第一个规则概括来采取行动所产生的各种后果的价值,尽管被这些结果出现的概率打了折扣,但至少仍会稍微大于那些依据第二个规则概括来采取行动所产生的各种后果的价值。但为什么功利主义者会这样认为呢?我们为什么就应当认为这**两个**规则概括中的一个就比另一个更加可信呢?毫无疑问,如果我们能够相信军官们所说的话,世界将会变得更加美好。但吉姆能够在必要的程度上信任**这位**队长吗?在吉姆的阅历中并无任何先例可援的情况下,他依据第一个规则概括进行推理的经验基础,并不比依据第二个进行推理的经验基础更为牢靠。

从讨论中我得出这个结论,即伯纳德·威廉姆斯错误地认为,向吉姆提供建议的功利主义者会"显然"地建议他射杀一个人质以保全其余 19 人。所有显而易见的事情,如果存在的话,就只有功利主义者无法轻易向吉姆提供任何有用劝告这件事。因此,我们的讨论将离开这位功利主义者——除了以预先的方式补充说明,那个被威廉姆斯认为是功利主义者"显然"偏爱的结果在事实上的确是最好的结果,尽管是完全出于非功利主义的理由。

V

让我们通过直面这样的事实来重新开始——它确实像个事实,即如果吉姆射杀了一个人质,他就不仅仅是杀死了那个人质,而是谋杀了他。无论你想要如何来定义"谋杀",如果吉姆为了杀死一个人质而开枪射杀了他,那么任何合理的谋杀定义都会适用于吉姆的行为。有关吉姆的其他一些事实,诸如,他的行为获得了队长的允许(并且达到了具有队长权威的程度),他是为了保全许多无辜的生命才杀人的,他本人从杀人行为中毫无获益;他杀人并非出于复仇或其他任何可耻的动机,他是带着深深的歉意去杀人的(甚至对他的所作所为感到极度的反感)——所有这些都不会改变最为重要的事实:如果吉姆杀死了一个人质,他所实施的就是谋杀行为。

在这一点上,如果吉姆选择杀人,那他所导致的死亡就不同于第一章节讨论的杀人行为,不同于霍尔姆斯所导致的在大海上被淹死的那些人。霍尔姆斯的杀人行为,在最坏的情况下是非预谋杀人罪,在最好的情况下则是基于紧急避险的理由而能够予以正当化的杀人行为。如果吉姆选择杀人,他就无法依据紧急避险来证明自己的杀人行为是正当的。同样,假如吉姆选择杀人,那他所导致的死亡也不同于第二章节讨论的杀人行为,不同于身陷洞穴中的探险者同伴谋杀威特莫尔的行为。其原因在于,在大海上致人淹死和在洞穴中杀人食人的情形中,自然的必要性是显而易见的组成要素,而这样的要素在吉姆的案例中并不存在。在这里,在丛林空地上,并非必须有人去死。所有人都可以活下来,只要那个手握大权的人决定以正确的方式采取行动。

谋杀——即便杀死的是陌生人,即便是在有权势的人提议下实施的,即便目的是要努力保全无辜者的生命——不是一个能让人忽视的行为。注意到对他人致害行为的正当理由与免责理由之间的差别,那些想要吉姆去射杀人质的人,如果他们试图把吉姆的杀人行为理解成可免责的行为,是否就比把它理解成可正当化的行为做得要更好呢?这会让我们想起,我在霍尔姆斯的案例中坚决主张,试图把霍尔姆斯为了提高船上其他人幸存的可能性而把另一些人抛出船外的行为予以免责,这种论证是令人难以信服的;确切地说,霍尔姆斯唯一的抗辩理由在于,他所实施的杀人行为是正当的。而在洞穴探险者的案例中,我认为杀死威特莫尔的行为既不可能被免责,也不可能被予以正当化。

对吉姆的案例,我们又应当如何来评价?确实,如果吉姆要射杀人质,那么这一杀人行为所发生的具体环境和具有的所有意图,都无法成为他杀人的免责理由。他并不是,例如,原本要去射击附近的一个靶子,不料却射杀了一个无辜的人质。他也不是经过仔细瞄准后才射杀了人质,却自始至终认为自己只是朝着一幅人质的画像而开枪的。依此类推,我们可以排除一系列的意外事故、过失、无知、自我失控、无行为能力以及其他的免责条件。吉姆也不是被迫行动的。当他决定是否要去射杀人质时,并没有人在威胁他。

VI

在这一点上,如果队长不是向吉姆提供机会——通过射杀一个人质来保全其余19人——而是向吉姆威胁说:"要么你射杀一个人质,要么我们就射杀你",那么,让我们思考一下吉姆的处境会发生怎样的变化。对此,有人也许就会说,吉姆很可能射杀人质并以受到致命威胁为辩护理由;而如果存在任何免责理由的话,这就是一个免责理由。这是我们在这种情况下应当做出的评价吗?或者——把吉姆的痛苦再增加一些——假设吉姆是带着自己的两个小孩一起来到丛林空地上的,队长在向他提议后,威胁着说道:"要么你杀死一个人质,要么我们就杀死你的两个孩子。"即便吉姆在以上两个假想处境的任何一个中都是出于被迫而杀死了人质,他也如同在初始处境中一样是个谋杀者。因为[不同于虚构的詹姆斯·邦德(James Bond)]吉姆没有"杀人执照"——即便是为了保全其他无辜的第三者,比如他自己的孩子,而要去杀死一个完全陌生的人。

假如为了保全无辜的生命而必须杀人,那就让吉姆努力去杀死那个不公正的挑衅者(或者让他把自己牺牲掉)。而假如这样的防止性杀人是不可能的(他的自我牺牲提议被拒绝),那么吉姆就必须承受这种困境的可怕后果。他完全没有权利去谋杀任何一个无辜者,即便他是希望因此而说服另一个人不去谋杀其他更多的无辜者;他也没有权利通过侵犯其他人的生命权,而努力去保全他自己或那些与他亲近的人们。我们不可以在这样的威胁下就妥协让步。

当然,有人会说在以上两个概述的不同构想方案中,如果吉姆杀了人,那他也是被迫这么做的,他是在致命威胁的情况下才杀人的,这种情况至少应当减轻他的罪责,并把他所实施的刑事杀人行为从谋杀降级为非预谋杀人。因为在这些假想的情况下,他所面对的威胁是"当下的、迫近的和即将发生的死亡或严重的人身伤害"——尽管不是对他自己的伤害,因而即便道德不会但法律也会承认,这样的威胁构成了对实施一种在其他情况下将被判定为犯罪行为的举动的**免责理由**。法律权威们非常赞同这一点,但胁迫是否能够对类似杀人这样严重的犯罪予以免责,他们之间存在分歧。一些人认为,如果某种程度的胁迫能够对一种犯罪行为予以免责,那么更大的胁迫甚至就能够对谋杀行为予以免责;而另一些人则认为,如果所犯的罪行是谋杀,那么,无论是怎样的胁迫,都只能减轻本应受到惩罚的严厉程度。我猜想,道德方面的思考会任由我们对此存在分歧。但我们无需在这一点上感到烦恼,因为如果吉姆杀死了人质,他这么做也是出于他人的提议,而不是出于胁迫。讨论吉姆如果处于威胁之中将应当如何采取行动,已经根本改变了我们开始时的构想方案,我们至此也无须再作进一步的分析了。

吉姆能够诉诸杀人是为了实现好的结果这样的原则吗?这个原则能够让他为了实现更大的善而选择较少的恶以致作恶吗?或许他可以,但他的原则并不新颖。它看上去只不过是我们之前讨论过的功利主义者所依赖的后果论原则的另一个版本而已。它们之间唯一明显的差别在于,前者坦白承认那个要被予以正当化的行为本身就是一种恶——吉姆的杀人行为,正如我一直坚持主张的那样,是一种谋杀,而谋杀行为确实是错误的——而功利主义原则却要么掩盖要么无视这一点,其方式是通过把注意力并非放在吉姆的所作所为上,而仅仅放在吉姆面对的选择所可能导致的、可预见的结果方面。

VII

如果吉姆决定接受队长的提议,并依据"双效原则"来证明自己无罪,那又会如何呢?"双效原则"最为人所熟知的方式,是它允许医生在特定情况下终止妊娠,与此同时还不会在其他情形下使堕胎普遍成为可能。试图挽救孕妇生命的外科医生知道,为了保全母亲的生命,有必要通过切除胎儿(如在宫外孕的情况下)或者摘除子宫(如子宫产生癌变时),来结束未出生的胎儿生命。但外科医生行为的预期效果是要保全生命(母亲的),而不是要致人死命(未出生胎儿的),尽管胎儿的死亡是这样的外科手术可预见的结果之一。

因此,这个原则(用它众多的表述方式之一)表明,如果某个特定的行为无论如何都会产生善恶两种效果,那么,要想在道德方面获得容许,以便实施该行为并任由恶果发生,其充分必要条件是:首先,行为的目的是要产生善果而非恶果,尽管恶果是可预见的;其次,行为本身必须是善的或至少不是恶的;最后,善果之善必须足以弥补恶果之恶。

依据这个原则,我们又应当如何去评价吉姆杀死人质的行为呢?吉姆的行为符合第一个条件,因为在接受和实施队长的提议时,他唯一的意图就是产生好的效果——保全其余19人的生命。至于第三个条件,吉姆的行为很可能也是符合的,至少以宽和的解读方式来说是这样,毕竟此举避免了更大恶果(19人的死亡——当然要假设确实避免了这个恶果),并且其价值胜过了可预见恶果的发生——确切的一个人的死亡。而我们不可以对这里的不确定性看得过于严重。在人工流产的例子中,那个外科医生为了保全母亲的生命,可能很用心地对母亲实施了手术,在此过程中终止了未出生胎儿的生命(或任由胎儿死去),然而结果还是未能保全母亲。可是,即便如此也没有人会主张,从这个令人遗憾的结果以及对"双效原则"的遵守中可以推断出,外科医生原本就不应当尝试着去做他实际上所做的那种事。

然而,"双效原则"三个限定条件中的第二个却让吉姆不得不中止行动。为了实施队长的提议,他按照要求所采取的行动,正如我们之前已经说过的,是谋杀。对无辜者的谋杀当然是一个人所能做出的严重的恶。吉姆亲手谋杀那个人质并致其死亡,这并不是其行为的意外结果。他很可能并**不想要**这样的结果,但除非他打算要去射杀一个人质,否则我们根本不能说他想要的是那个最主要的效果,也即那个善果。

因而,我们以上分析的结果必定是,吉姆无法依据"双效原则"把自己所要实施的谋杀行为转变成道德上可容许的杀人行为。

VIII

让我们现在假定,由于功利主义的法律顾问们未能向吉姆提供指引,并且考虑到"双效原则"劝告吉姆不要接受队长的提议,因此,吉姆拒绝了队长,而队长像他所说的那样继续自己的行动,命令行刑队射杀了所有20名人质。那么,吉姆应当认为自己至少要为这20人的死亡负有部分的责任吗?队长的提议和吉姆对此的拒绝,**导致**吉姆无论怎样都在这20人的死亡上**存在**过错吗?当所有人质被射杀时,假如是这样,由于吉姆对这些人的死**存在**过错,其过错至少在于他未能去做他本可以尝试着去做的事情,因而吉姆就应当为此感到内疚吗？毕竟,他原本可以通过谋杀一个人质而希望队长也能信守诺言。我们或许会说,吉姆原本应该去尝试。然而,不管出于怎样的原因——很可能是他的道德良知禁止他杀人——吉姆选择了不去射杀其他人。

有人因此会认为,吉姆拒绝实施谋杀行为根本不会为他的道德银行账户增加盈余,他的拒绝只会显示出他对自己的无辜存在着自欺欺人的错觉。他要为自己的道德良知受到严厉的责难,因为他拒绝去做不名誉的事情,此举只不过是在错误观念引导下努力要去维护他自己的高尚原则,而这在当时的处境中非常不合时宜。假若吉姆确实射杀了一个人质后,队长却违背诺言,下令射杀了其余19人。如果我们想象一下那些希望吉姆这样去做的人会对此作何反应,那么,上述的反对意见就会呈现得更为明晰。"尽管,"这些支持吉姆射杀某一个人质的评论者会说,"吉姆可能没有去做一切可能的事情以保全其余19人,但他做了在当时处境中他所能够做的所有合理的事。他确实尝试过了,而这就是我们有权期待他或任何其他人在那种情况下所能做的一切。因此,吉姆对那19人的死亡不负有任何的责任。当然,吉姆对他故意杀死的那个人质的死亡负有责任,但这无论如何都是有正当理由的。队长未能信守诺言,这并非吉姆的错。因此,对于队长下令开枪而导致其余19人的死亡,吉姆当然没有任何责任,更不用说要受到任何的责难。"

但这种说法正确吗?吉姆也可能会通过以下的论证来试图强化它:

> 瞧,如果我接受了队长的提议,因而对谋杀一个人质负有责任,与队长如果做出决定并下令杀死所有人质却指控我要对此负有责任,这两者之间有着极大的差别。在我射杀一个人质与这个人质的死亡之间,存在着直接的、

明确无误的**因果**关系；而在我拒绝去射杀一个人质与队长下令杀死所有 20 个人质之间，并不存在这样的因果关系——甚至不存在间接的或隐蔽的因果关系。是那些执行队长命令的行刑队员导致了那 20 人的死亡，而不是我。因此，怎么能让我去为队长和行刑队的所作所为负担哪怕是部分的责任呢？像我一样，队长和行刑队都可以选择并决定去做或者不做什么，他们也要在道德和法律方面为这些选择承担责任。如果所有 20 个人质都被杀死了，那就是行刑队员导致了这些人的死，而不是我。如果事情取决于我，那就没有一个人质会死；然而，所有我能决定的，就只有我是否去射杀其中一个人质。如果我要杀一个人，我将要对他的死负有全部的责任。但我不会根据队长怪异的提议就去谋杀一个人质。因此，不能由于我拒绝去实施谋杀,就要由我来为其他人所实施的那些谋杀承担任何的责任。

如果吉姆有幸在20世纪50年代的牛津大学研习过哲学的话,他可能就会把以下的论证作为回应批评者们的要点:

瞧,如果你们认为,若我拒绝接受队长的提议,我就要为那20个人质的死亡负有责任,你们就是被两个条件命题表面的相似性误导了。第一个条件从句是:

1. 如果我扣动扳机,则子弹就会射出。

第二个条件从句是:

2. 如果我拒绝队长的提议,则20个人质就会死。

你们看(吉姆继续说道),以哲学家约翰·兰肖·奥斯汀(John Langshaw Austin)可能采用的表达方式来说,就是这两个条件从句中的"如果"并不是同一种"如果"。第一个命题是真实的因果条件从句;由于我扣动了扳机,我就导致枪里的子弹射了出去。但第二个命题却根本不是条件从句。因为我拒绝提议的行为,并没有**导致**(cause)任何人去死——我根本就没有**导致**任何事。相反,是队长把我的拒绝作为**他**实施威胁的理由。认为是我的拒绝导致了任何人的死亡,这种想法实在荒谬;这就好比,队长一听到我的拒绝就说:"好吧,这让我别无选择。这已完全脱离我的掌控。所有人质都必须死,也正是你的拒绝导致他们要被我的行刑队射杀。"

同样的道理(吉姆继续说)也适用于这样的思考,即如果我们把"导致"转换成"**由于**(because)"。如果一听到我的拒绝,队长就说:"好吧,所有人质现在都由于你拒绝了我的提议而必须死",这简直荒谬可笑,一派胡言。如果人质现在**必须**被杀死,这也是**由于**队长和他指挥下的行刑队决定了要去杀死他们。

如果(吉姆总结道)你们同意——正如你们必然会同意的那样——"导致"和"由于"两者都不会把我拒绝队长的提议与20个人质的死亡联系在一起,因此我对他们的死亡就不负有任何责任。我的行为不是那些人质死亡的原因,恰如他们的家人和朋友的行为并非其死亡的原因一样。只有那些下达命令杀死人质和执行这些命令的人,才要为人质的死亡负有完全的责任。我没有责任。

关于这一点,那些认为吉姆最好去射杀一个人质的人,可能就会以近些年许多哲学家所热衷的语气回答道:

吉姆，你过于重视杀人与任其死亡两者之间的差异，而完全忽略了如果你拒绝去杀死一个人质，那你就是放任那20个人质去死。也就是说，你任由队长和他的行刑队继续其行动并杀死所有20人。而在道德伦理方面，杀人行为与任由他人死亡的行为之间并不存在重大差异。

我希望吉姆不会被这样的论证而说服，尽管它主要的前提假设是正确的。

虽然，在杀人与任其死亡之间确实不存在重大的道德差异，但我们还是应当清楚地知道，这一点在吉姆的处境中并不具有相关性。之所以如此是因为，这种否认二者之间的差异具有道德意义的观点，预先假定了一个人有能力去阻止他人的死亡却拒绝这么做，就好比一个人有能力不去致他人于死地却偏偏要那么做——而吉姆缺乏的恰恰是这样的能力。

让我们从这个角度去思考一种情形,即20个当地居民正在湍急的河流深处奋力挣扎,而吉姆手上恰好有一个救生圈;如果他把救生圈扔到居民中间,他就可以挽救其中一个人。但吉姆拒绝这么做,因而所有20个当地居民都被淹死了。在这种情形中,我们很可能就会说,吉姆至少是任由了那20人中的一个去死而没有试图去挽救他。

但是,当吉姆在丛林空地上拒绝谋杀一个人质时,他的所作所为与上面的情形相同吗?我不这样认为。当吉姆手拿救生圈站在河岸时,他有能力去阻止——或至少有能力尝试着去阻止——一个居民被淹死。但正如我们已经知道的那样,吉姆并没有这样的能力去阻止行刑队射杀所有甚或是其中任何一个人质。因此,他拒绝通过谋杀一个人质以保全其余19人的行为,不能被解释成他任由所有20人去死;吉姆拒绝杀死一个人质的行为,并非是在任由所有人质去死,正如斯泰伦的小说《苏菲的选择》中的苏菲,她选择去保全其中一个孩子的行为,并非是她在任由另一个孩子去死。她没有这样的能力去保全两个孩子。

IX

此时,或许有人就想要知道,人数在解决吉姆的难题中应当起到怎样的作用。思考一下对原创故事的两种改编。在第一个改编中,只有两个人质站在行刑队面前,而队长对吉姆说道:"如果你射杀一个人质,我就释放另一个;如果你不这么做,那我就按原定计划,命令行刑队射杀这两个人质。"在第二个改编中,却有200个人质,队长向吉姆说道:"如果你射杀一个人质,我就释放其余的199人;如果你不这么做,那所有200人都会按原定计划而被射杀。"相比在原创故事的构想方案中,只有射杀一个人质才有可能保全19个生命,在这两种改编情形的任何一个中,吉姆是否就有或多或少的理由去杀死一个人质呢?

我们必然会承认,涉及的人数越多,就越想去鼓励吉姆接受队长的提议并承担其中所蕴含的全部风险。假如你通过谋杀一个人就可以挽救整个人类以免于灭绝,难道你不会这么做吗?或者,举一个与吉姆的处境非常相似的例子,如果你去谋杀一个无辜的陌生人(这个陌生人基本上是被随机选中的),你就能因此而希望去提高这样一种可能性,即整个人类(包括你自己)和所有生物都会从一个疯子的奴役中解脱出来,因为这个疯子威胁着——并且他有能力去实现自己的威胁——要杀光所有的一切,除非你亲手谋杀一个无辜者。难道你会不愿意这么做吗?肯定不是只有我一个人会想说:"在这种情形下,我愿意谋杀一个陌生人。"

这个问题可以更为抽象地表述为:对于一些特定的原则,例如不能为了善果而去作恶的原则,我们能够如此坚定和绝对地予以遵从,以至于在这种极端的情形下都不愿意去谋杀吗?类似在两个严重的罪行之间做出选择的情况下,明智的建议难道不是应当选择较小的罪行——至少当较大的罪行是**如此**严重时?

如果我们是这样思考的,我们事实上也就接受了那种在近些年的哲学著作中被称为"电车难题"(Trolley Problem)的最为流行的解决办法。试想,你正站在有轨电车线路的扳道开关旁边。一辆失控的电车沿着轨道急速前行,即将冲向一群身陷涵洞者(多达20人)。如果任由电车前行,它就会撞击到涵洞中的所有人并致其死亡。而在前面的侧轨上,停着一辆熄了火的汽车,司机被困其中。你知道此时存在两个可能的结果,你唯一能够做的就是,拉还是不拉扳道开关。如果你拉动扳道开关,就会让电车改道至侧轨上,而电车将撞死那个被困在汽车中的人。你应当怎么做?谨慎的人们会说,既然目前已知的状况和被困的人就只有这些信息,那么你去拉动扳道开关就是可被允许的行为;因而如果你愿意的话,你就可以这么做。少数人则会认为,你应当通过抛掷硬币来决定,因为两种情形的损失是一样的,合计失去的生命数量并没有任何意义——任何人所失去的都是一个生命,而损失并不会因为失去了更多的生命就变得更大。但我们中的大多数人还是会说,一个人在那样的情况下,就应当采取行动以保全尽可能多的生命。这里涉及人们做出选择要去致一个人于死地,而不是任由 20 个人被撞死。关于人数的重要意义,这就是我们所能找到的典型范例。

当然,这个范例对我们理解吉姆在丛林中的困境却帮助不大。因为在"电车难题"中,"自然的必然性"保证了无论你做些什么,总有人是要死的;你的角色是,或者顺其自然,这样就会有 20 人死亡,或者采取措施进行干预,并把死亡的人数降至最少:一个人。如果你采取了干预措施,那么,汽车里的那个人就被撞死了,而这却保证了涵洞中的20人幸免于难。但在吉姆的处境中,由于队长和行刑队并非那种失控的、沿着轨道急速滚动并将无可避免地撞死一个或20个人的没有大脑的机械装置,因而吉姆杀死一个人质的行为就无法保证其余19人会幸免于难——"自然的必然性"在这里并不存在。

"电车难题"与"吉姆困境"的这个显著差异,指出了两种情况之间的明显差别:在一种情况下,我们或许可以说,重要的只有人数;而在另一种情况下——就像吉姆的处境——人数却只是重要因素之一。

X

目前为止的论证,可以说,主要是从吉姆的角度分析了他应当采取怎样的行动。我们已经尽力充分考虑了吉姆会如何看待他所面临的决策挑战。但我们还必须思考,吉姆可能的各种做法会如何影响那些处境危急的20个人质及其家人和朋友。正如他们所看到的那样,队长是否要信守自己的诺言,并不依赖于吉姆决定去接受或者拒绝队长的提议,因而事情就会有四种可能的结果。假设吉姆拒绝了提议而队长的诺言又悬而未决,那么任何事情都可能发生,包括射杀人质中的一部分人。换一种假设,吉姆拒绝了提议而队长信守了诺言,那么20个人质都会死。第三种假设是,吉姆接受了提议而队长也信守了诺言,那么就只有一个人质死亡。最后,假定吉姆接受了提议但队长违背了诺言,那么任何事情就又可能发生了。

假设你是人质中的一位。你会偏向哪种结果？如果你是在无知之幕下要去选择一项原则作为吉姆的行动依据,你会告诉吉姆应当怎么做呢？(无知之幕,假如存在的话,它将确保没有人知道一项原则会如何影响相关的人员,包括一个人自己;因此在无知之幕下,任何人都无法在可供选择的原则之间依据利己优势的增进来做出选择。)确实,你会希望吉姆采取行动以便让你的这群人尽可能少地死亡,并且要去同等地尊重每一个生命——无论谁被射杀,这个人至少都是随机被选中的。考虑到这一点,你就会偏向第三种结果而甚于其他(如果吉姆选择去射杀一个人质并且队长也会释放其余所有人,那么,每一个人质都有二十分之十九的概率不会被随机选中而遭射杀——这是你所能希望的最好的结果)。因此,你希望吉姆接受提议并杀死一个人质,即使你无从得知队长是否会信守诺言。

这样,你就有两个理由去选择第三种结果。首先,你会希望是一个不幸的同伴将要被吉姆射杀(毕竟,这样的人很可能不会是你,因为你被选中的概率仅仅是5%);第二,你会希望队长信守诺言,这样——如果你的运气还在的话——你就会被释放。现在,20名人质中的每一个人基本上都应该会接受这个推理;他们能够在理论上毫无异议地对此表示赞同,因为这个推理并没有偏袒其中任何一个人质。基于这样的推理并忽略其他所有因素,那些人质及其家人和朋友就应该让吉姆着手去射杀一个人质——这正是在原创故事的构想方案中我们所被告知的,他们"明显在恳求"吉姆这么做。

受到上述结论的支持,一些人就会主张,既然是这些人质在面临生命危险,那么,吉姆就应该去做这些可能的受害者们想要他去做的事情。由于吉姆并不傻,他能够清楚地知道当地居民是如何以上面概述的方式进行推理的。因此,如果吉姆拒绝随机地射杀一个人质,尽管他知道这种行为是所有人质都想要的,也是他们在当时处境中所能产生的极其合理的想法,那么这些批评者就会说,吉姆本人有些神经质。虽然没有一个人质——显然如此——会愿意为了其他人而把自己作为牺牲品交由吉姆来射杀,但是所有人都愿意由吉姆去选择他们中的一个作为牺牲品。他们想要吉姆去做的事情,应当胜过其他任何的推理或偏好,因为——后面将会加以讨论——正是这些人质在面临生命危险,他们有权决定在那样的处境中他们应当承担何种风险。

　　人质们毫无异议地想要吉姆接受队长的提议,这一点对目前为止的讨论所产生的其中一个定论具有重大影响。我不止一次地说过,如果吉姆按照队长的提议采取行动,那他的行为就是对一个人质的**谋杀**。但果真如此吗？毕竟，无论吉姆决定要射杀哪一个人质——假如他决定要这么做的话——这个人实际上早已同意了吉姆这么做。如果是这样，那么，若吉姆杀死了那个人质，他行为又怎么能够仍然是谋杀呢？

好吧，如果你把"谋杀"定义为故意的、有预谋地杀死其他人，那么吉姆的行为就依旧是谋杀。根据这个定义，安乐死和医生协助自杀也都是谋杀。同意死在他人的手里，即便这样的同意是完全自愿和理性的，法院直到最近也都很少会把它作为谋杀指控的抗辩理由；滥用这种抗辩理由的可能性是如此明显，以至于无需多加讨论。然而今天，我们中的许多人（包括我自己）都在准备去重构谋杀的概念——并相应地调整法律规范——以便这种对于在他人帮助下死亡所做出的理性的、自愿的同意，可以为该他人的行为（例如医生给予的类似帮助）提供正当理由。也因此，一些人想要坚持认为，吉姆同样也被他杀死的那个人授权这么做，以便让其他人质获释。从这个观点来看,吉姆杀死人质的行为似乎就不再是谋杀了,因为它是可以被证明为正当的杀人行为。

假定我们对此非常赞同。而如果我们的态度是这样的话,有人就会提出,所有人质事先做出的明白无误的同意,只能说明他们**允许**吉姆杀死一个人质,却无法表明吉姆**应当**这么做。(这种同意当然也无法对吉姆施加射杀一个人质的责任或义务。)因此,由人质亲自做出的同意,无法充分证明吉姆完全是**正当的**——如果他决定去杀死一个人质的话。(一般而言,一个人的行为不能仅仅因为它在道德上是可允许的就被证明是正当的;法律与道德均不禁止的行为经常是极其不可取的,例如过度饱食与过量饮酒。)那么就此而论,怎样才能弥合允许与正当之间的裂缝?唉,这个问题没有准确的答案。我们没有这样的运算法则,通过它,只要提出相关的前提条件就能得出确切的答案;我们也没有一台道德机器,只要把特定问题案例(比如"吉姆困境")相关信息输入进去,再敲下一连串的按键,就会拿到一份写有正确道德结论的打印件。

XI

此时,我们终于要面对吉姆困境中那个从道德角度来看会是最为棘手的问题了。假若吉姆确实不愿意接受队长的提议,因为他相信这是在引诱他实施谋杀行为——更别提他自己和相关的其他人所要承担的那些不可名状的风险——如果他顺从当地居民想要他射杀一个人质的选择倾向,那他自己就会成为他们的工具,成为实现他们意愿的手段。这种想法对我们来说并不陌生,也可能并不完全地令人讨厌。我们在《圣经》中读到:"不要按我的意愿,照你的旨意成就吧。"这是耶稣向他的父神发出的祷告;而 20 个人质以及他们那一大群家人和朋友,却无法拥有父亲的、更不用说神圣的权威来向吉姆开口说话。确实,他们的意愿对吉姆没有支配作用,除非吉姆选择去顺从它。

那么,为什么吉姆就不应该让他自己成为实现他们意愿的手段呢?为什么吉姆就应当把他的有正当理由去反对谋杀的基本道德良知,看得要重于他们理性的集体选择倾向呢?虽然吉姆的道德操守不过如此,但如果他在价值尺度上把它看得要高于他们对生存的渴望——这种渴望并不因他们本身有罪而受到丝毫的减损——难道他不会因为自我拔高而容易受到人们的批评指责吗?我相信,这些问题也不存在确切的答案。

总而言之,有些人会认为吉姆最好是拒绝队长的提议,安心于知道自己没有杀死任何人,尽管他同时必然也会感到苦恼,因为他明白自己没有尽可能地去采取一切合理的措施以阻止所有 20 个人质的死亡。另一些人则会认为,吉姆最好是接受队长的提议,并把自己的道德操守贬低为过分的谨小慎微,他会安心于知道自己已经采取了一切合理措施以阻止所有 20 个人质的死亡(即便他的努力失败了),况且他的所作所为也正是那些人质想要的。

至于我本人,则无法再对这个案例做进一步的分析了——它不像霍尔姆斯实施的杀人行为,我认为那是有正当理由的;它也不像威特莫尔的死亡,我主张那是不正当的。"吉姆困境"的正确解决办法令我感到困惑。因为有了这个坦白的承认,所以我将把这个问题留给读者诸君来决定:如果你是吉姆,你认为你应当怎么做?

原则与目标

"功利主义原则":在主体可以选择的行动方案中,正确的做法是选择其结果出现的概率虽然对其净收益打了适当的折扣,但其净收益仍为最大的行动方案。

"净收益最大化":功利原则的简要形式。

"规则功利主义":在与特定情境有关的可以选择的行为规则中,应当选择那个最有可能带来最大净收益的规则,只要该规则已被人们普遍接受。

"选择较少的恶":功利原则的另一个推论。

"双效原则":如果某个特定的行为无论如何都会产生善恶两种效果,那么,要想在道德方面获得容许,以便实施该行为并任由恶果发生,其充分必要条件是:首先,行为的目的是要产生善果而非恶果;其次,行为本身必须是善的或至少不是恶的;最后,善果之善必须足以弥补恶果之恶。

"无知之幕":由于预先假定了你的选择是要增进利己的优势,因此行为不论依据的是怎样的原则,该原则都要在无知之幕下被选中。

"自我从属化":心甘情愿地把自己当作他人意志的工具,只要其利益极大地受制于自己的行为。

附录
决疑法的历史背景

"决疑法"(casuistry)这个术语来源于拉丁文的"案例"(*casus*)一词,它研究的是一类独特的"良知案例"(cases of conscience),在其中需要适用一个或多个已有的道德原则(或者没有一个可以适用)。更广泛地来说,决疑法是"案例法"的一种运用,它试图通过道德伦理的思考,来解决那些需要特定道德主体做出决定并采取行动的难题。因此,决疑者就是一个接受训练以便提供这类建议的人。相应地,决疑法也就属于应用伦理学的一个分支。然而,自从17世纪以来,人们经常带着一种贬义色彩来使用这个术语,它似乎是一种充满诡辩意味的推理方法,只要一个人在找寻例外规则和特殊情形方面具有足够的独创性,他就貌似能够通过这种方法把几乎所有的行为都认定为可允许的行为。

对决疑者来说,要想解决一个道德疑难案例,就需要把该案例的特征与那些道德状况已经确定的各种典型范例进行比较和对照。对疑难案例的解决,既依赖于这些典型范例所蕴含的、表达公认智慧的道德原则或准则,也依赖于疑难案例与典型范例之间的相似程度。这些原则的多重性是它们之间存在实际或潜在冲突的来源,但其总体的可靠性却被认为是理所当然的。因此,决疑法作为一种实践性的推理方法,它倾向于依赖某种形式的直觉主义,以及一套多少有些不容辩驳的道德准则。

决疑法的支配性观念,用一个二阶准则来表达就是:"具体情况具体分析"。正如1275年托马斯·阿奎那(Thomas Aquinas)所写道的:"人类的行为应当随着人物、时间和其他情况的变化而变化;这是道德问题的全部所在。"[①]案例法的原意就是要重视这些"情况的变

---

① 转引自 Albert R. Johnson and Stephen Toulmin, *The Abuse of Casuistry: A History of Moral Reasoning*, Berkeley, University of California Press(1988), p.135。我这篇附录中的评论极大地受惠于这本书。

化"。这种方法不同于机械地适用严格的行为规则,也不同于试图依据某个关于善的重要理论来做出道德决定。

决疑法是亚里士多德《尼各马可伦理学》(*Nichomachean Ethics*,约公元前330年)所具有的三个特征的自然派生物。首先,亚里士多德理所当然地认为,基于人们作为一个共同体的成员,这种社会化特质使得人们能够理解有关正确行为的各种原则。他同时主张,人们不可能在有关实践性事务方面保证理论的精确性,因而伦理论证就不应当渴求那种与一门真正的科学相一致的精确性。最后,实践智慧[亚里士多德哲学的实践智慧(*phronesis*)]对于正确的行为是必要的;这种智慧只有通过批判性地反思人们处理生活中各种问题的实际经验才能获得。

决疑法(即便不是以它命名)曾作为古希腊罗马式修辞学的一部分而被人们传授了数个世纪。通常的训练,要求学生运用论证和反驳,针对一个实践性的问题提出并维护自己的解决办法;在这样的过程中,学生会把各种道德原则与类似案例的解决办法整合起来,使得他所提出的观点具有最大的说服力。西塞罗的《论义务》(*De Officiis*,约公元前 44 年)为后代人提供了有关著名案例的部分目录;这些案例需要解决的冲突,存在于几种责任之间,或是权宜之计与责任之间。因此,后世的决疑法,可以被视作是一种起源于西塞罗式修辞学的用来解决伦理问题的系统方法。

受到犹太拉比教义研究方法与罗马判例法的影响,道德决疑法逐渐独立于古典修辞学之外。权衡相关的原则,从典型范例提出论证,辨别先前案例彼此明显矛盾的结论——所有这些对于通过判例来解决争端以及对于犹太教法典的注疏和解释来说,都是极为常见的方法。在基督教传统中,为了向人们提供日常生活方面的指引,摩西律法与福音书中的实例和劝告需要彼此协调一致,这使得神职人员几乎无可避免地要去推动决疑式推理的继续发展。这些律法和精神指引方面的因素,就彼此结合在中世纪教会法和苦修赎罪规则的发展中。

公元1200年至1650年,决疑法的教学与实践活动在欧洲处于鼎盛时期。巴黎的彼得·康托(Peter Cantor)的《圣礼与灵魂修和概要》(The Summa de sacramentis et animae conciliis,约1191年)大概是第一本真正的决疑者的专著。随着耶稣会在1534年的建立,决疑法支配了整个的教牧(道德)神学。而在其中提出并讨论数百甚至数千个案例的专著也变得司空见惯。最有影响力的一本书是马丁·纳瓦鲁斯(Martin Navarrus)的《指南》(Enchiridion,1556年)。在1660年,耶稣会会士胡安·阿佐尔(Juan Azor)出版了近4 000页篇幅的《道德总论》(Institutionum Moralium),他在书中宣称"所有的道德良知问题都得到了简要的说明"。安东尼厄斯·戴安娜(Antonius Diana)被称为"决疑法王子",其不朽著作《道德裁决》(*Resolutiones morales*, 1629—1659年)用 10 卷的篇幅讨论了近两万个案例。

决疑法衰落并导致它惨遭最为严重滥用的主要因素是这样一个信条,即如果一个实践性的观点或建议可能是正确的,那么人们对它的遵从就是可允许的行为,即使与它相反的观点或建议更可能正确。这个后来以"或然论"著称的命题,最早是由巴托洛梅·梅迪纳(Bartolome Medina)在 1577 年提出的。迄今为止,其主导性的观点显然是,如果针对人们的行为方式存在不同的意见,并且这些意见是否正确的可能性也彼此不同,那么,明智的做法(出于实践的考虑)就是遵从那个可能性更大的意见。这就是所谓 via tutior,即"更安全的做法"。

或然论在实践中经常意味着,如果人们想要以完全不同于最好意见的方式来采取行动,那么,只要存在合理的理由能够怀疑人们确实被禁止采用那种想要的方式,人们就可以任意那么做(也就是,如果他们没有违背任何道德责任的话)。这样的理由可以是"外在的",依据的是权威的道德思想家的意见;也可以是"内在的",根据一个不管从何而来的具有说服力的理由或论证。

或然论潜在的用途据说是要"减轻那些深陷困境而不择手段之人的良心负担"。① 但是,肆无忌惮的人却可以利用或然论来为自己的私利服务,因而理所当然地招致人们指责它为"松懈主义"(laxism),这也使得决疑法的实践活动具有了坏的名声。

苦修赎罪规则在新教教义中早已不复存在,再加上来自罗马教会内部所指责的"松懈主义",使得决疑法

---

① Albert R. Johnson and Stephen Toulmin, *The Abuse of Casuistry: A History of Moral Reasoning*, Berkeley, University of California Press(1988), p.168。

的实践与权威大为削弱。① 而真正致命的打击则来自于布莱斯·帕斯卡尔(Blaise Pascal)的《致外省人信札》(*Letters Provinciales*,1656—1657年)。作为一个詹森教派的信徒,由于深信基督徒的正直之路需要严格地遵从福音书的纯粹精神,帕斯卡尔对于那些更为入世的耶稣会会士们所传授的或然论决疑法充满了敌意。通过匿名作品的发表,他对或然论决疑法加以尖刻地嘲讽,并使它多变的建议所具有的道德松懈性成为人们的笑柄。

无论对真实的决疑法方法和原则的批评会怎样有失公允,帕斯卡尔都成功地使决疑法整体的实践活动名誉扫地。自此以后,在教士传统之外最主要的哲学家的伦理著作中,就只能找到诸如康德和密尔(John Stuart

---

① 有关这个时期决疑法的进一步讨论,参见 Edmund Leites, ed., *Conscience and Casuistry in Early Modern Europe*, Cambridge, Cambridge University Press(1988)。

Mill)对决疑法的个别论述了。到了19世纪末,随着伦理多元主义和直觉主义普遍处于守势,亨利·西奇维克(Henry Sidgwick)可以写出500页篇幅的《伦理学方法》(*Methods of Ethics*,1874年),在其中却只用了一个句子就把决疑法打发掉了。

由于应用伦理学和职业道德规范在20世纪70年代变得日益重要,一个"新的决疑法"出现了,而旧的"案例法"在其中得到了复兴与修正。[①]

[①] 参见,例如,Christopher W. Gowans, ed., *Moral Dilemmas*, New York, Oxford University Press(1987)。

注 释

(所注页码指原书页码,见本书边码)

第一章

第7页:美国诉霍尔姆斯案。它是由1842年坐落于费城的宾尼法尼亚东部联邦巡回法院审理的。我对该案的讨论所依据的报道文本来自于 *Federal Cases* 第26卷,第360页起始;报道人是 John William Wallace。有关该案的全部或部分描述不断地得以转载,例如我第一次得知它是从 Philip E. Davis, ed., *Moral Duty and Legal Responsibility*, New York, Appleton-Century-Crofts(1966), pp.102-118。哲学和法律著作对此有很多讨论,例如 Edmund Cahn, *The Moral Decision: Right and Wrong in the*

Light of American Law, Bloomington, Indiana University Press (1956), pp.61-71。对该案的相关细节以及其他类似案例的细致分析,参见 A. W. B. Simpson, *Cannibalism and the Common Law: The Story of the Tragic Last Voyage of the Mignonette and the Strange Legal Proceedings to Which It Gave Rise*, Chicago, University of Chicago Press(1984);该书第九章"The William Brown and the Euxine"主要分析了霍尔姆斯案。我对该案部分细节的事实陈述也依赖了 Simpson 的这本书。对该案更为全面但较为晦涩难懂的描述,参见"The Trial of Alexander W. Holmes", in John D. Lawson, ed., *American State Trials*, 17vols., St. Louis, Mo., Thomas(1914-1936), vol.1, pp.368-439。在20世纪70年代,该案被制作成一部电视电影,由 Martin Sheen 扮演了海员霍尔姆斯。

第9页:目标与原则。根据 Ronald Dworkin 的观点,目标是一个人力求实现的宗旨或成果,与此相对照的原则是对目标实现方式的一种限制。参见 Dworkin,"Model of Rules"(1967),载其著作 *Taking Rights Seriously*, Cambridge, Harvard University

Press(1977), pp.22-23。但我提出的所有原则并非都是以这种方式来发挥作用的。

第10页：施特莱彻，卡利与服从上级命令的抗辩理由。服从上级命令的抗辩理由在两个语境中得到了深入讨论，一是对主要的纳粹战犯的纽伦堡审判，包括1946年对尤里乌斯·施特莱彻的审判；二是1971年军事法庭对两位美国军官——中尉威廉·卡利和上尉欧内斯特·梅迪纳（Ernest Medina）——在越南南部屠杀平民行径的审判。分别参见 Robert E. Conot, *Justice at Nuremberg*, New York, Harper & Row(1983)，以及 Seymour Hersh, *My Lai Four—A Report on the Massacre and Its Aftermath*, New York, Random House(1970)。尽管霍尔姆斯的行为并非屠杀，但他的处境却与中尉卡利率领的在越南梅莱服役的那一排士兵一样，他们中没有一个人曾被军事法庭审判，这很可能是因为他们所有人都能够以服从上级命令作为抗辩理由。还需要注意的是来自布尔战争的南非案例，法官理查德·索罗门爵士（Richard Solomon）在其中说道："假如一个士兵真诚地相信，他服从上级的命令是在尽自己的责任，并且假如这些命令的非法性并非如此一目了然,以至于他必须或应当知道它们是违法的,那么,这个士兵的行为就会受到上级军官命令的保护。"转引自 J. C. Smith and Brian Hogan, *Criminal Law*, 4th ed., London, Butterworth(1978), p. 210。对该主题的简要讨论,参见 Michael Walzer, *Just and Unjust Wars*, New York, Basic Books(1977), pp. 309-316;另参见他的引证来源。

第 12 页:完成目标的唯一必要手段。这个原则不应当与更加复杂的"可允许性的唯一手段原则"相混淆。后者是由 Judith Thomson 提出并加以讨论的,参见她的优秀著作 *The Realm of Rights*, Cambridge, Harvard University Press(1990), p. 108。她针对该原则写道:"假如某人 X 要做事情 B 的唯一手段是做事情 A,那么,X 要想获得允许去做事情 B,其充要条件必须是 X 做事情 A 是可允许的行为。"

第 14 页:正当理由与免责理由。我依据的是 J. L. Austin 对此二者之间区别的描述,这也为哲学家们所熟识。参见他的文章"A Plea for Excuses"(1956),载其著作 *Philosophical Papers*, Oxford, Clarendon Press(1961), pp. 175-177。

第18页:康德条件。我在本文中称之为"康德条件",而康德自己则把它称作"实践原则"。它是他的绝对命令的第二种表述形式:"你要如此行动,即无论是你人格中的人性,还是其他任何一个人的人格中的人性,你在任何时候都应同时当作目的,而绝不仅仅当作手段来使用。"参见 Immanuel Kant, *Grounding for the Metaphysics*(1785), tr. James Ellington, Indianapolis, Hackett(1981), p.36。

第20页:无知之幕。这是 John Rawls 宣传推广的一种观念,参见其著作 *A Theory of Justice*, Cambridge, Harvard University Press(1971), pp.136-141。他指出,这个观念"表达了如此自然的一种情况(在公正地适用公正的原则方面),以至于类似情况一定在许多人头脑中出现过"。然而,他所引证的在他之前曾运用过这个观念的却只有一个人,即 John C. Harsanyi, "Cardinal Utility in Welfare Economics and in the Theory of Risk-Taking", *Journal of Political Economy*, 61(1953), 434-435。

第21页:上尉奥兹。他的故事来自于 Robert F. Scott, *Scott's Last Expedition*, Vol.1, London, J. Murray(1935), p.462。

第23页:公平的抽签。在决定公平分配风险、利益和负担方面,针对抽签所发挥功能的讨论,参见 Barbara Goodwin, *Justice by Lottery*, Chicago, University of Chicago Press(1992);尤其要注意 pp. 173-178,在那里她讨论了与本书类似的"悲惨选择"。

第30页:《美国模范刑法典》。起草工作始于20世纪50年代末期,并于1962年形成了正式草案,由美国法学会组织起草并在宾夕法尼亚的费城出版。从那时起,该法典就发挥着基准的作用,以衡量人们有关美国刑法在程序和实体方面建议的改革方案。该法典的大部分内容转载于 Sanford H. Kadish, Stephen J. Schulhofer, and Monrad G. Paulsen, eds., *Criminal Law and Its Processes*, 4th ed., Boston, Little, Brown(1983), pp. xlvii-cxvi。

第30页:两害相权取其轻。针对该原则作为刑法中的正当理由(而非免责理由)的讨论,参见 Fletcher, *Rethinking the Criminal Law*, pp. 774-798;另参见 Kadish, Schulhofer, and Paulson, *Criminal Law and Its Processes*(这本书同时讨论了紧急避险

110 与两害相权取其轻)。

第30页:詹姆斯·菲兹詹姆斯·斯蒂芬。引用的这句话出自他的 *Digest of the Criminal Law*, 5th ed., London, Macmillan(1894), p.25, n.1。在本书第33页(原页码)引用的那句话出自他的 *History of the Criminal Law of England*, 3 vols., London, Macmillan(1883), vol.2, p.108。

第30页:本杰明·N.卡多佐。引用的这段话出自其著作 *Law and Literature*, New York, Harcourt Brace(1931), p.113。卡多佐反对把紧急避险作为免责理由的立场,基本类似于 Cahn,参见 Edmund Cahn, *The Moral Decision:Right and Wrong in the Light of American Law*, Bloomington, Indiana University Press (1956)。

第33页:功利主义者的想法。在本书第三章的讨论中,功利主义发挥了重要作用;参见 pp.73-79(原页码)。

第33页:联邦宪法不是"集体自杀协定"。这个说法出自 *Kennedy v. Mendoza-Martinez*, 372 U.S.144(1963), at p.160,由法官 Arthur J. Goldberg 撰写的法庭意见书中。

第二章

第 44 页:洞穴探险者。朗·富勒把"洞穴奇案"发表在 *The Harvard Law Review*, vol.62, 1949, pp.616-645;几乎与此同时,他还把它放在案例选集 *The Problems of Jurisprudence*, temp. ed., Brooklyn, Foundation Press(1949), pp.1-27。这两个版本之间有着细微的差别。之后,这个案例的全部或部分内容在许多文本中被转载,例如 *An Introduction to Law*, Cambridge(1968), pp.20-49,它是《哈佛法律评论》的编辑们编撰的一本书;最近又出现在 Joel Feinberg and Hyman Gross, eds., *The Philosophy of Law*, 5th ed., Belmont, Cal., Wadsworth(1995), pp.535-549。我所知道的对该案例进行讨论的唯一出版物是 Anthony D'Amato, "The Speluncean Explorers—Further Proceedings", *Stanford Law Review*, 32(Winter, 1980), pp.467-485,这篇文章又被转载于 Feinberg and Gross, *The philosophy of Law*, pp.549-553。

第 45 页:女王诉杜德利与斯蒂芬案。这可能是最为著名的有关谋杀和同类相食的海难求生案件,于 1884 年在英格兰开庭审理,相关信息报道载 Q. B. D. (Queen's Bench Division), vol. 14,自第 273 页开始。这是一个经典案例,得到了广泛的讨论(例如,Simpson, *Cannibalism and the Common Law*)和反复的转载(例如,被选入 Kadish, Schulhofer, and Paulson, *Criminal Law and Its Proceedings*, pp. 182-186)。

第 46 页:有关紧急避险的法律。对刑法中这个抗辩理由的讨论,例如 George P. Fletcher, *Rethinking the Criminal Law*, Boston, Little, Brown(1978), pp. 818-829;再如 Kadish, Schulhofer, and Paulson, *Criminal Law and Its Proceedings*, pp. 769-788(该书将紧急避险作为正当理由,而非免责理由);还有 Smith and Hogan, *Criminal Law*, pp. 191-199。

第 47 页:自卫。George P. Fletcher 在一本精彩的案例研究著作中对这个主题进行了讨论,参见 *A Crime of Self-Defense: Bernhard Goetz and the Law on Trial*, New York, Free Press(1988)。另见 Suzanne Uniacke, *Permissible Killing: The Self-Defense Justification in Homicide*, Cambridge, Cambridge University Press(1994)。

第 50 页:霍布斯原则。霍布斯写道:"(他)依据其他人授予的权力而实施的行为,不会因此而损害到授权他如此行为的那个人",因为"用行为去伤害自己是不可能的"。参见 *Leviathan*, ed., Richard Tuck, Cambridge, Cambridge University Press (1991), Pt. II, ch.18, p.124。

第 51 页:洛克对权利的论述。参见其《政府论》下篇,sections 6,23,85,135, and 168,收录于 *Two Treatises of Government*, ed. Peter Laslett, Cambridge, Cambridge University Press(1960)。

第 53 页:雪莉·杰克逊的《彩票》。杰克逊的这篇著名小说最初发表在1948年的《纽约客》,之后被多次转载,例如 Sylvan Barnet, ed., *The Harper Anthology of Fiction*, New York, Harper Collins(1991), pp.862-868。从我同事 Sylvan Barnet 的这篇文献中,我受益良多。

第 55 页:合同对价。参见,例如 E. Allen Farnsworth, *Farnsworth on Contract*, 3 vols., Boston, Little, Brown(1990), vol.2, pp.61-69。

第58页：功利主义。存在着大量的有关功利主义的解释和讨论。除了 Jeremy Bentham, J. S. Mill, Henry Sidgwick 和 G. E. Moore 的经典作品之外，近来对功利主义进行了最广泛讨论的人，可能是 J. J. C. Smart；其文章载于 Smart and Bernard Williams, *Utilitarianism For and Against*, Cambridge, Cambridge University Press (1973)；另见 Antony Quinton, *Utilitarian Ethics*, London, Macmillan(1973); 2nd ed., La Salle, Ill., Open Court (1989)。最近的评论文章选集，参见 Samuel Scheffler, ed., *Consequentialism and Its Critics*, New York, Oxford University Press (1988)。

第58页：器官移植案例。有关讨论参见 Thomson, *The Realm of Rights*, pp. 135-148。

第62页：生命权。学界对这项权利的确认远远超出了对其组成要素的分析。我的讨论文章是 "The Right to Life", *The Monist*, 52(October, 1968), pp. 550-572；还有其他一些人的文章，例如 Franciszek Przetacznik, "The Right to Life as a Basic Human Right", *Revue de droit international*, 56(Janvie-Mars, 1973), pp. 23-47,以及他后来的同名文章,刊登在 *Revue des droit de l'homme*, 9(1976), pp. 585-608; H. J. McCloskey, "The Right to Life", *Mind*, 84(1975), pp. 403-425; George P. Fletcher, "The Right to Life", *Georgia Law Review*, 13 (Summer, 1979), pp. 1371-1394; B. G. Ramcharan, ed., *The Right to Life in International Law*, Dordrecht, Martinus Nijhoff(1985);另见我的评论,刊登在 *Law and Philosophy*, vol. 7(1988), pp. 237-245。

第 65 页:在安第斯山发生的同类相食。皮尔斯·保罗·里德的《活着:安第斯山幸存者的故事》(*Alive: The Story of the Andes Survivors*)发表于 1974 年,由费城的 J. B. Lippincott 出版。有关幸存者们讨论并下定决心要以空难中死去之人的身体作为给养的描述,在该书第 81—84 页。

第 67 页:既不当受害者也不做刽子手。阿尔贝·加缪使用(或者,不如说是加缪的译者 Dwight Macdonald 在使用)这个措辞作为其一篇文章的题目,最初发表在如今已倒闭的期刊 *Politics*(July-August, 1947)。我第一次读到这篇文章,是通过转载在如今同样也已倒闭的期刊 *Liberation*(February, 1960), pp.

4-10。费城的出版社 New Society Publishers 为了支持加州圣克鲁斯市的 Resource Center for Nonviolence,在 1986 年把这篇文章制作成了一本小册子。

第三章

第 72 页:吉姆与印第安人。我所引用的这个案例最早出现在 Smart and Williams, *Utilitarianism For and Against*, pp. 98-99。Williams 运用这个案例是要反对功利的道德论证,他的这种做法却成为一篇有趣文章(其假设是出自吉姆后来的回忆)嘲弄的对象,参见 Martin Hollis, "Jim and the Indians", *Analysis*, 43 (1983), pp. 36-39。

第 73 页:《苏菲的选择》。威廉·斯泰伦的这篇小说由纽约的 Random House 在 1979 年出版,有关苏菲所做选择的讲述,见 pp. 483-484。

第 78 页:约翰·斯图尔特·密尔与规则功利主义。"规则功利主义"这个词流行于 20 世纪 50 年代;如果不是这个词本身,那也是它所代表的观念,清楚明白地显现在 J. O. Urmson,

"The Interpretation of the Moral Philosophy of J. S. Mill", *Philosophical Quarterly*, 3(January, 1953), pp.33-39,这样的观念也出现在 Michael D. Bayles, *Contemporary Utilitarianism*, New York, Doubleday, Anchor Books(1968)。正如 Urmson 正确指出的那样,密尔建议我们日常的道德选择要依据他所谓的"次级原则",比如"不要撒谎";他劝告我们如果要诉诸功利原则本身,只有当那样的次级原则彼此冲突,或者需要基于功利主义原因而对次级原则做出根本性的修正,或者没有公认的次级原则能够适用于眼下面临的道德选择问题时。

第 79 页:谋杀。《美国模范刑法典》规定"如果一个人有目的地、成心地、毫无顾忌地,或极度轻率地导致另一个人死亡,那么这个人就犯有刑事杀人罪"(sec. 210.1);这个有关杀人的定义与该法典后来对谋杀的定义之间,并不存在重要的差别。但这个定义与大多数的美国法律极为不同,后者使一级谋杀和二级谋杀形成对照,并把这两种谋杀与非预谋故意杀人相区别;这个定义也与英国法有关谋杀的传统定义极为不同,根据后者,只要一项"不合法"的杀人行为具有"预谋恶意"的成分,那么这个杀人行为就是谋杀;参见 Kadish, Schulhofer, and Paulson, *Criminal Law and Its Processes*, p.408。虽然表面上不像,但吉姆杀死一个印第安人的行为,根据后面的定义则是谋杀(因为具有"恶意"这种成分),正如根据《美国模范刑法典》它也是谋杀一样。

第82页:被迫。这种说法出自 Kadish, Schulhofer, and Paulson, *Criminal Law and Its Processes*, p.792。另参见 Smith and Hogan, *Criminal Law*, pp.199-209。

第83页:双效原则。我在本文中对这个原则的表述方式,是在仿效 Tom L. Beauchamp,参见其"Suicide", in Tom Regan, ed., *Matters of Life and Death*, 3rd ed., New York, McGraw-Hill (1993), p.89。这个原则也是天主教道德哲学的主题之一;哲学家们之所以普遍对它有兴趣,是因为 Philippa Foot 的论述,参见其"The Problem of Abortion and the Doctrine of Double Effects" (1967),这篇文章再版于她的 *Virtues and Vices and Other Essays in Moral Philosophy*, Berkeley and Los Angeles, University of California Press(1978), pp.19-32。

第 87 页:奥斯汀的"如果"。参见约翰·兰肖·奥斯汀的论文"What Sort of 'If' is the 'If' in 'I can if I choose'?", in *Analysis*, 12(June, 1952), pp. 125-126,但这篇文章没有再版于他的 *Philosophical Papers*。

第 88 页:杀人与任其死亡。对比所描述的"杀人"行为与"任其死亡"行为,它们之间是否存在重大的道德差异,这个问题已经引发了大量的分析文本。对该问题的讨论,似乎是由 Jonathan Bennett 发起的,参见其"Acting and Refraining", *Analysis*, 28(1967), pp. 30-31;有关这个讨论的实践与理论方面的内容,参见一本有益的选集 Bonnie Steinbock, ed., *Killing and Letting Die*, Englewood Cliffs, N. J., Prentice-Hall(1980)。最为执着地论证两者之间不存在重大道德差异的人,可能算是 James Rachels;参见其 *The End of Life*, Oxford, Oxford University Press (1986)。

第 89 页:人数的作用。当前对这个问题的讨论,可以部分地追踪至 John M. Taurek, "Should the Numbers Count?", *Philosophy and Public Affairs*, 6(Summer, 1977), pp. 293-316;Derek Parfit, "Innumerate Ethics", *Philosophy and Public Affairs*, 7 (Summer, 1978), pp. 285-301; John T. Sanders, "Why the Numbers Should Sometimes Count", *Philosophy and Public Affairs*, 17 (Winter, 1988), pp. 3-14。

第 90 页：电车难题。这是由 Philippa Foot 虚构出来的,参见其"The Problem of Abortion and the Doctrine of Double Effect", p. 23。其后,对这个问题最好的讨论文本之一,参见 Thomson, *The Realm of Rights*, pp. 176-202。

第 94 页：同意自己的死亡。这个问题与医生协助下的自杀和安乐死关联在一起,并得到了广泛讨论。一些作家含蓄地接受了这样的命题,即如果一个人对自己在他人协助下的死亡,适宜地做出了知情同意和已证实的自愿同意,那么,这样的同意就可以证明该他人的帮助行为是正当的,并因此使得任何谋杀的指控归于无效。这样的作家如 James Rachels,参见 *The End of Life*;当然还有 Dr. Jack Kevorkian,正是 Jack 使得"医生协助自杀"成为家喻户晓的措辞,参见其作品 *Prescription: Medicide*, Buffalo, N. Y., Prometheus(1991), pp. 192-193。

第95页:责任与"应当"。至少是从 P. H. Nowell-Smith 的著作 Ethics(1954)开始,哲学家们就一直在努力说服人们最好还是要对义务、责任与我们应当做什么这三个概念作出区分。这方面的最新努力,参见 Thomson, *The Realm of Rights*, pp. 61-104。

第95页:机械论的道德观念与运算法则。我在另一篇文章中概述了道德运算法则可能的样子,也简述了我们为什么应当对是否会出现这样的决策制作程序抱持怀疑的态度;参见"Ethical Decision Making and a Primitive Model of Rules", *Philosophical Topics*, 14(Fall, 1986), pp.117-127。

第96页:耶稣的话。它在《圣经》中出现过两次,第一次在 Matthew 26:42,另外一次是在 Mark 14:36。

索 引

(条目后的页码指原书页码,见本书边码)

abortion 堕胎, 83

algorithm 运算法则, 95,117

Alive 《活着》, 65,114

applied ethics 应用伦理学, VII, 101

Aristotle 亚里士多德, 102

Armstrong, Edward 爱德华·阿姆斯特朗, 24,28,45

Austin, J. L. 约翰·兰肖·奥斯汀, 87,116

autonomy 自治, 34

Azor, Juan 胡安·阿佐尔, 104

Baldwin, Judge Henry 法官亨利·鲍尔温, 13, 26, 7-28

because vs. cause 由于与导致, 87-88

Bible 《圣经》, 118

Bond, James 詹姆斯·邦德, 81

Calley, Lt. William 威廉·卡利, 10, 108

Camus, Albert 阿尔贝·加缪, 67, 114

cannibalism 同类相食, 64, 65, 66, 114

Cardozo, Justice Benjamin 法官本杰明·卡多佐, 30-31, 32, 111

casuistry 决疑法, VI-VIII

  defined 对其的界定, 101

  history of 其历史, 101-105

cause vs. because 导致与由于, 87-88

choice-of-evils, defense of 作为抗辩理由的两害相权, 31, 33

choose the lesser evil, principle of 两害相权取其轻原则, 29-30, 33, 37, 97, 110

  as version of utilitarianism 作为功利主义的一种版本, 83

Cicero 西塞罗, 103

Coleridge, Lord 科尔里奇·勋爵, 45-46

common law, Roman 罗马判例法, 103

consent 同意, 35, 54-55

  indirect 间接的, 50-51, 52-54

  lack of 不存在的, 18, 52, 59-60

  to one's own death 针对自己死亡的, 117

  to a principle 针对一项原

205

则的, 19

consideration, contractual 合同对价, 55

Constitution, U. S. 美国联邦宪法, 33, 111

Dallas, George M. 乔治·M.达拉斯, 13, 24-25, 27

death with dignity 有尊严的死亡, 63, 67

decimation, principle of 十一抽杀律, 28, 36

De Officiis 《论义务》, 103

Diana, Antonius 安东尼厄斯·戴安娜, 104

double effect, doctrine of 双效原则, 83-85, 97, 116

duress, excuse of 作为免责理由的强迫, 81-83

duty 责任。参见 sailor's duty of self-sacrifice; sailor's duty to obey

Dworkin, Ronald 罗纳德·德沃金, 108

Enchiridion 《指南》, 104

equal risk, principle of 同等风险原则, 24, 27, 28, 29, 36, 68

euthanasia 安乐死, 94, 117

evils, choice of 两害相权, 30, 31, 32

excuses 免责理由, 14, 46, 81, 82

  vs. justification 其与正当理由, 45-46, 80-81

first reached, first overboard, principle of 先抓到,先扔掉原则, 14, 36

Fuller, Lon L. 朗·L.富勒, 44

goal vs. principle 目标与原则, 108

Hamlet 哈姆雷特, 51

Harvard Law School 哈佛法学院, 44

Hobbes's principle 霍布斯原则, 50, 67, 112

Holmes, Alexander William 亚历山大·威廉·霍尔姆斯, 7-8, 10, 14, 25-26, 34-35

trial of 对其的审判, 107

homicide, justifiable 可以被证明为正当的杀人行为, 95

if... then..., ambiguity of 有歧义的因果条件从句, 87

Institutionium Moralium 《道德总论》, 104

integrity, personal 个人的道德操守, 96

irrevocability, principle of 不可撤销性原则, 54, 68

Jackson, Shirley 雪莉·杰克逊, 53, 113

Jesus 耶稣, 96, 118

justification 正当理由, 14-15, 80-81
  vs. excuse 其与免责理由, 109

Kant, Immanuel 伊曼努尔·康德, 18, 109
Kantian condition 康德条件, 18-19, 20, 21, 35, 36, 60, 62, 68, 109
kill, right to 杀人的权利, 82
killing vs. letting die 杀人与任其死亡, 88-89, 116

last in, first out, principle of 后进先出原则, 16, 28, 36
laxism 松懈主义, 105
Letters Provinciales 《致外省人信札》, 105
life, right to 生命权, 51, 62-63, 114
Locke, John 约翰·洛克, 51, 113
lottery 抽签, 6, 8, 19, 27, 28, 52-54, 63-64, 110
  withdrawal from 撤销对其的参与, 54-57
"The Lottery" 《彩票》, 53, 113
loyalty to the group, principle of 忠诚于团体原则, 57, 68

manslaughter 非预谋杀人, 7, 13, 34, 80
  vs. murder 其与谋杀, 82

maximize net benefits, principle of 净收益最大化原则, 73, 97

另参见 utility, principle of

Medina, Bartolome 巴托洛梅·梅迪纳, 104

Medina, Capt. Ernest 上尉欧内斯特·梅迪纳, 108

Methods of Ethics 《伦理学方法》, 105

Mill, J. S. 约翰·斯图尔特·密尔, 105, 115

Model Penal Code 《美国模范刑法典》, 30, 31-32, 33, 110

morality machine 道德机器, 95, 117

murder 谋杀, 79-80, 84, 94-95, 115

vs. manslaughter 其与非预谋杀人, 82

My Lai 越南梅莱, 10, 108

Navarrus, Martin 马丁·纳瓦鲁斯, 104

necessity 紧急避险, 11-15, 32, 59, 60, 62, 80, 91

contingent 附有条件的, 11-12

defense of 作为抗辩理由的, 46-47, 112

natural 自然的, 11, 91

semantic 语义学的, 11

Nichomachean Ethics 《尼各马可伦理学》, 102

Newgarth, Commonwealth of

纽卡斯联邦,44

number, role of the 人数的作用,89-90,117

Nuremberg trials 纽伦堡审判,10,108

Oates, Capt. Titus 上尉泰特斯·奥兹,21,51,60,110

operative selection principle 操作性选择原则,9,12

Oxford University 牛津大学,87

Pascal, Blaise 布莱斯·帕斯卡尔,105

passenger's safety first 乘客的安全第一,24,25,26,35-36

Peter Cantor of Paris 巴黎的彼得·康托,103

phronesis 实践智慧,102

pipul, Rabbinic 犹太拉比教义研究方法,103

principles 原则。参见 principles, other; selection, principles of

principles, other 其他原则

  choose the lesser evil 两害相权取其轻,29-30,33,37,97,110

  decimation 十一抽杀律,28,36

  double effect 双效原则,83-85,97,116

  Hobbes's 霍布斯原则,50,67,112

  irrevocability 不可撤销性,

54,68

loyalty to the group 忠诚于团体, 57,68

maximize net benefits 净收益最大化, 73,97

passenger's safety first 乘客安全第一, 24, 25, 26, 35-36

right to life 生命权, 61-62,114

sailor's duty of self-sacrifice 海员有责任自我牺牲, 24-25,26,27,37

sailor's duty to obey orders 海员有责任服从命令, 9,25,36

self-defense 自卫, 47-48, 97,112

share and share alike 平均分割, 57,68

share disaster 分担灾难, 19-29,36,64,68

sole means necessary to the end 完成目标的唯一必要手段, 12,15,18,29,36,58,60,68

utilitarianism 功利主义, 68,97

principle vs. goal 原则与目标, 108

probabilism 或然论, 104-105

Regina v. Dudley and Stephens 女王诉杜德利与斯蒂芬案, 45,52,112

Reid, Piers Paul 皮尔斯·保罗·里德, 65

211

Resolutiones morales 《道德裁决》, 104
responsibility 责任, 85-89
  causality 其与因果关系, 86-87
rhetoric, Greco-Roman 古希腊罗马式修辞学, 103
right to life 生命权, 68
  forfeiture of 对其的剥夺, 51
  inalienability of 其所具有的不可让渡性, 51
  principle of 其原则, 61-62, 114
  waiver of 对其的放弃, 51
rights, passenger's 乘客的权利, 26-27, 29
rights, theory of 权利理论, 52
rights principle 权利原则, 49, 54, 67

sacrifice of the weak, principle of 牺牲弱者原则, 21, 36
sailor's duty of self-sacrifice 海员有责任自我牺牲, 24-25, 26, 27, 37
sailor's duty to obey orders 海员有责任服从命令, 9, 25, 36
save families plus crew, principle of 保全家庭与海员原则, 9, 12, 14, 15, 17, 18, 22, 24, 34, 35, 36
save the best, principle of 保全最好的人的原则, 16,

21,28,36

save the most possible, goal of 尽可能多地保全生命的目标,9,17,26,35,58,68

Scott, Capt. Robert 上尉罗伯特·斯科特,51

selection, principle of 选择原则

 decimation 十一抽杀,28,36

 equal risk 同等风险,22,24,36

 first reached, first overboard 先抓到,先扔掉,14,36

 last in, first out 后进先出,16,28,36

 lottery 抽签,6,8,19,27,28,52-54,63-64,110。另见 equal risk, principle of

 sacrifice of the weak 牺牲弱者,21,36

 save families, women, and children 保全家庭、妇女和儿童,36

 save families plus crew 保全家庭与海员,9,12,14,15,17,18,22,24,35,36;有关其的选择理由,23-24

 save the best 保全最好的人,16,28,36

 self-sacrifice of the weak 弱者的自我牺牲,21,22,36

 seniority 资历,16,28,36

self-defense, excuse/justification of 作为免责理由或正

当理由的自卫, 47-48, 67, 112

self-preservation 自我保护, 48, 67

 right of 其权利, 48-49

self-sacrifice 自我牺牲, 60-61

 of the weak, principle of 弱者自我牺牲的原则, 21, 22, 36

 sailor's duty of 有关海员责任的, 24-25, 26, 27, 37

seniority, principle of 资历原则, 16, 28, 36

share and share alike, principle of 平均分割原则, 57, 68

share disaster, principle of 分担灾难原则, 19-20, 36, 64, 68

Sidgwick, Henry 亨利·西奇维克, 105

Smart, J. C. C. 斯马特, 72

Society of Jesus 耶稣会, 102

sole means necessary to the end, principle of 完成目标的唯一必要手段原则, 18, 29, 36, 58, 60, 62, 109

Sophie's Choice 《苏菲的选择》, VI, 89, 114-115

speluncean explorers, case of 洞穴奇案, 41-44, 72, 110

Stephen, J. F. 詹姆斯·菲兹詹姆斯·斯蒂芬, 30, 111

Streicher, Julius 尤里乌斯·施特莱彻, 10, 108

Styron, William 威廉·斯泰伦, VI, 73, 89, 114-115

subordination of self 自我从属化, 95-96

 principle of 其原则, 97

suicide 自杀, 51

 physician-assisted 医生协助的, 94

Summa de sacramentis et animae conciliis 《圣礼与灵魂修和概要》, 103

superior orders, defense of 服从上级命令的抗辩理由, 10, 108-109

Supreme Court, U. S. 美国联邦最高法院, 33

survival at any cost 不惜以任何代价而幸存下来, 64

Taylor, President Zachary 总统扎卡里·泰勒, 34

Thomas Aquinas, St. 托马斯·阿奎那, 102

transplant case 器官移植案, 58-59

trolley problem 电车难题, 90-92, 117

Truepenny, Chief Justice 首席大法官特鲁派尼, 41-44

United States v. Holmes 美国诉霍尔姆斯案, 45, 107

utilitarianism 功利主义。另见 maximize net benefit, principle of; utility, principle of

 rule, defined 规则功利主

215

义的界定, 78,97

versions of 相关的解释, 113

utilitarian reasoning 功利主义者的论证, 59-60,72,73-79

Utilitarianism For and Against 《功利主义:赞成与反对》, 72

utility, principle of 功利原则, 68,97

via tutior 更安全的做法, 104

veil of ignorance, choice of principles behind 无知之幕下的原则选择, 20-21, 92-93,109-110

Whetmore, Roger 罗杰·威特莫尔, 41-43

William Brown, sinking of "威廉·布朗号"的沉没, 5 survivors of 有关的幸存者, 5-7,72

Williams, Bernard 伯纳德·威廉姆斯, 72,73,74,79

著作权合同登记号　图字：01-2015-4162
图书在版编目(CIP)数据

要命的选择：霍尔姆斯杀人案、洞穴奇案和吉姆的困境/(美)贝多(Bedau, H. A.)著；常云云译.—北京：北京大学出版社，2016.1
ISBN 978-7-301-26487-4

Ⅰ.①要… Ⅱ.①贝…②常… Ⅲ.①案例—研究—美国 Ⅳ.①D971.2

中国版本图书馆 CIP 数据核字(2015)第 264829 号

Copyright © 1997 by Hugo Adam Bedau
"MAKING MORTAL CHOICES: THREE EXERCISES IN MORAL CASUISTRY, FIRST EDITION" was originally published in English in 1996. This translation is published by arrangement with Oxford University Press.
Simplified Chinese translation copyright © 2015 by Peking University Press
ALL RIGHTS RESERVED.

书　　　名	要命的选择——霍尔姆斯杀人案、洞穴奇案和吉姆的困境 Yaoming de Xuanze
著作责任者	〔美〕雨果·亚当·贝多　著　常云云　译
责任编辑	柯　恒
标准书号	ISBN 978-7-301-26487-4
出版发行	北京大学出版社
地　　　址	北京市海淀区成府路 205 号　100871
网　　　址	http://www.pup.cn　http://www.yandayuanzhao.com
电子信箱	yandayuanzhao@163.com
新浪微博	@北京大学出版社　@北大出版社燕大元照法律图书
电　　　话	邮购部 62752015　发行部 62750672　编辑部 62117788
印　刷　者	涿州市星河印刷有限公司
经　销　者	新华书店
	880 毫米×1230 毫米　32 开本　7.25 印张　85 千字 2016 年 1 月第 1 版　2020 年 6 月第 11 次印刷
定　　　价	35.00 元

未经许可，不得以任何方式复制或抄袭本书之部分或全部内容。
版权所有，侵权必究
举报电话：010-62752024　电子信箱：fd@pup.pku.edu.cn
图书如有印装质量问题，请与出版部联系，电话：010-62756370